HACER REÍR

Xavi Puig es licenciado en Filosofía y en Comunicación Audiovisual. Lleva veinte años escribiendo comedia y se le conoce principalmente por ser cofundador y codirector del medio satírico *El Mundo Today*. Es guionista de televisión y radio y ha trabajado para la prensa escrita. Su primera novela, *La mejor persona*, se publicó en 2023.

XAVI PUIG

HACER REÍR

Sobre el humor, la
creatividad y la cultura

EN DEBATE

Papel certificado por el Forest Stewardship Council®

Primera edición: noviembre de 2025

© 2025, Xavier Puig Ripoll
© 2025, Penguin Random House Grupo Editorial, S. A. U.
Travessera de Gràcia, 47-49. 08021 Barcelona

Diseño de la coleccion: PRHGE/Nora Grosse

Printed in Spain – Impreso en España

ISBN: 978-84-10433-69-4
Depósito legal: B-14.566-2025

Compuesto en La Nueva Edimac, S. L.

Impreso en Huertas
Fuenlabrada (Madrid)

C433694

Índice

1. De la teoría al misterio 9
2. Morder la carne 13
3. Reír para escurrir el bulto. 32
4. «Yo solo me informo en *El Mundo Today*».
   ¿Debe un humorista sentar cátedra? 39
5. La tiranía del desparpajo 51
6. ¿Por qué las modelos de H&M ponen
   cara de asco? 67
7. Eugenio Mira y la transferencia de
   impacto 77
8. Hay que dejar a la comedia tranquila . . . 83
9. Nota final 91

Bibliografía 93

1. De la teoría al misterio

> Las conferencias y los ensayos son un formato que ya no me interesa en absoluto. La explicación materialista del hombre ha dejado paso a una angustia mística, que es lo que ahora mismo dirige mis pasos en el trabajo. He pasado de la teoría al misterio.
>
> Angélica Liddell,
> *El sacrificio como acto poético*

Cuando me ofrecieron escribir este libro pensé en mis tiempos de estudiante de Filosofía y en la ilusión que me habría hecho entonces la propuesta de publicar un ensayo. Luego me pregunté por qué había tenido que viajar al pasado para encontrar una motivación. Me daba escalofríos –y así se lo dije al editor– adoptar el rol del humorista que enciende una pipa y se pone serio. Pero, aparte de este remilgo, que tiene mucho que ver con la imagen que quiero proyectar de mí mismo, había algo más detrás de aquella reticencia. Una problemática más profunda que en realidad me ha acompañado siempre.

En mi época de estudiante, el clima intelectual estaba atravesado por la clásica rivalidad entre filósofos analíticos y continentales. Los primeros propugnan una praxis científica y los segundos desconfían de la lógica y apuestan por una aproximación humanista de corte europeo (de ahí lo de «continentales»). En la facultad había profesores de uno y otro bando, y luego estaban los curas de paisano, la mayoría del Opus Dei, que iban a su aire. Aunque fue la prosa inflamada de Nietzsche la que me sedujo y me animó a estudiar aquella carrera, pronto descubrí que los autores que iban por el buen camino eran los anglosajones. Lo tuve claro ya en el segundo curso: no iba a tomarme nunca en serio a los relativistas que negaban la posibilidad misma del conocimiento objetivo. Sin embargo, por mucho que intentara engañarme a mí mismo, nunca dejé de gozar en las clases sobre Heidegger, Derrida y otros posmodernos. Me asombraban aquellos argumentos sostenidos en el aire, me parecían pura poesía y me divertían mucho más que los catedráticos serios de Stanford, los únicos a los que respetaba. ¿Por qué demonios me atraía tanto algo en lo que ni siquiera creía? Llegué a preguntarle a mi mentor, el doctor Campos, si no era posible «salvar» a todos aquellos chalados valorando su obra desde el punto de vista del arte y la literatura. Reclamaba para ellos –y también para mí– un espacio digno, al margen de la filosofía seria, donde poder disfrutar leyendo, entre otros, a Lyotard. La respuesta de mi profesor fue un «no» rotundo. Aquellas chaladuras no tenían ni rigor intelectual ni valor estético. Fin de la cuestión.

La exigencia de hablar del humor en serio me obligaría a dejar entrar a la lógica analítica y académica en un terreno que hasta entonces había consagrado a mis impulsos creativos. El humor se había convertido, de algún modo, en mi reserva de misterio. Teorizar sobre una actividad que siempre me ha nacido de las entrañas se me antojaba forzado y artificioso. Los chistes me han asaltado a todas horas como chispazos, adelantándose muchas veces a mi pensamiento consciente, y me parecía de mal gusto atraparlos racionalmente para luego disecarlos. Jesse David Fox, en *Comedy Book*, critica que los humoristas seamos tan reacios a articular un discurso serio sobre nuestra actividad y cree que, por culpa de esta aversión al academicismo, ha costado mucho que la comedia se considere socialmente una forma de arte. Puede que tenga razón, aunque tal vez sea excesivo exigirle al humorista las competencias del académico. Además, si entendemos, como él, que el humor es un juego, hay que admitir que la parte en la que se leen las instrucciones es la menos divertida de todas.

El matemático y filósofo Blaise Pascal distinguía los espíritus geométricos de los espíritus finos. Los primeros son los que se aproximan al conocimiento desde las grandes abstracciones y los principios rígidos, mientras que los segundos atienden a lo concreto y a sus sutilezas. Según Pascal, ambas aproximaciones son verdaderas a su modo, así que no hay por qué elegir entre una de las dos. A mí esto me alivia, pues siento que llevo toda la vida pivotando entre ellas. Al humor tiendo a acercarme desde lo experiencial. No me interesan nada el enciclopedismo ni la teoría, mientras que frente a otros asuntos de la vida puedo ser la persona más analítica –y pesada– del universo. No sé si esta ambivalencia que me persigue tiene que ver con ser hijo de una pintora y de un médico. Tal vez la respuesta esté en Freud, pese a que el psicoanálisis, como dice el doctor Campos, sea una pseudociencia. El caso es que estoy aprendiendo a aceptar mis inclinaciones naturales. Este texto, que al final me animé a escribir a pesar de todas mis reservas, pivotará irremediablemente entre la teoría y el misterio, entre la geometría y la finura. En mi caso, entiendo el misterio como la asunción de que muchas veces son más evocadoras las preguntas que las respuestas y de que las mejores ideas brotan cuando miramos de reojo, desenfocando el pensamiento.

2. Morder la carne

> Sin duda, me indignaría si alguno de mis conocidos asesinara a su esposa y saliera bien librado (psicológica y legalmente), pero difícilmente consigo indignarme, como muchos críticos al parecer lo hacen, cuando el héroe de *Un sueño americano*, de Norman Mailer, asesina a su esposa y queda impune.
>
> SUSAN SONTAG,
> *Contra la interpretación y otros ensayos*

La necesidad de hablar en algún momento de los límites del humor era otra de las razones por las que no me apetecía escribir este libro. Nadie me obligaba a sacar el tema, desde luego, y admito que el asunto me parece interesante. El hartazgo tiene que ver con la recurrencia con la que se nos pregunta al respecto a los humoristas y también con la acusación implícita que encierra esta interrogación. Cuando nos preguntan si creemos que el humor tiene o debería tener límites, los humoristas detectamos, agazapada, esta pregunta retórica: ¿sois conscientes de que podéis hacer mucho daño? Es entendible, pues, que nos pongamos a la defensiva.

¿Pero es cierto eso de que podemos hacer mucho daño?

Si todo va bien, la ficción es un espacio seguro en el que uno puede plantear escenarios hipotéticos, a veces dolorosos y brutales, donde expresar los propios miedos, reírse de ellos o abandonarse sin más a la especulación o a la poesía. Es un ejercicio retórico en el que la libertad de pensamiento e imaginación se despliega para regalarnos, cuando se alinean los astros, auténticas obras maestras. Norman Mailer escribe *Un sueño americano* con la tranquilidad de saber que nadie creerá, al leer la novela, que él mismo está defendiendo el asesinato. Incluso si intuimos que disfruta relatándolo, ni se nos ocurre la posibilidad de que acabe materializando sus fantasías. La red de seguridad viene garantizada por la llamada «suspensión voluntaria de la incredulidad», que el lector activa de inmediato cuando reconoce las marcas de enunciación de la ficción. Estas marcas son los elementos de la obra o de su contexto que nos permiten deducir que estamos ante un discurso no literal (se proyecta en un cine, empieza diciendo «Érase una vez», el libro está en la sección de narrativa de la biblioteca o el artículo es publicado por un medio satírico). Incluso si se juega a negar explícitamente las marcas de enunciación, como cuando Camilo José Cela nos dice que lo que ha escrito es una mera transcripción de unas páginas que encontró en una farmacia de Almendralejo, o cuando de niños contamos patrañas jurando que «va en serio», el receptor deduce que estas afirmaciones se someten también al juego que propone la ficción. Si todo va bien, insisto, porque si juzgamos por lo que dice Sontag, a veces todos estos supuestos fallan.

Si a los que escribimos ficción se nos pregunta si somos conscientes del daño que podemos hacer es porque la red de seguridad del «todo vale porque todos compartimos las reglas del juego» está muy lejos de ser infalible. Suele fallar por dos motivos: porque el receptor no identifica las marcas de enunciación o porque, si lo hace, le exige a la ficción lo mismo que espera de un discurso literal (esto es, ausencia de ambigüedades, terreno firme, certidumbre y fiabilidad). El primer caso da lugar a lectores confundidos que a veces se enfadan porque sienten que se les está tomando el pelo; en otras ocasiones se escandalizan al creer que lo relatado se corresponde con la realidad. Es un fenómeno muy habitual en internet, donde las redes sociales han secuestrado al lector, que ya no acude a las fuentes directas, y le ofrecen contenidos de orígenes y naturalezas distintas en una interfaz siempre idéntica. Los artículos de la prensa satírica, por ejemplo, que juegan a imitar las marcas de enunciación periodísticas, se presentan en el mismo escaparate que el resto, fomentando este tipo de equívocos. El segundo caso tiene más que ver con los que consumen la cultura con la actitud de un cliente de Amazon. La pieza de ficción es para ellos un producto que debe ajustarse a sus necesidades, que debe someterse a reseñas y a notas con estrellitas y que, si falla a la hora de satisfacer al consumidor, es duramente criticado y, en casos extremos, se pide su retirada del mercado por defectuoso. No toleran experimentos, le niegan al juego de la ficción la libertad de traicionar expectativas y de desafiar. Hay una variante de este escenario que es la del receptor que se da por aludido: o bien cree aparecer explícitamente en el relato, o bien cree que se cuestionan en él sus convicciones morales, afiliaciones o creencias. Este consumidor impugna entonces la ficción para defender su honor o sus ideas y pide incluso explicaciones. La mención a Amazon no debe llevarnos a pensar que todo esto es un fenómeno actual: el escrutinio de la ficción como producto que debe satisfacer ciertas demandas puede apreciarse en toda la historia del arte por encargo e incluso en la *Poética* de Aristóteles, al menos en lo poco que conservamos de ella. El filósofo se esforzó para dejar claro qué debe tener una comedia y qué debe tener una tragedia para cumplir con las expectativas del público. Su análisis es interesante y ayuda a entender los mecanismos de la ficción, pero estoy seguro de que, si estuviese vivo hoy en día, Aristóteles también pondría estrellitas.

Volvamos al daño, porque una cosa es confundir, enfadar o defraudar, y otra muy distinta es hacer daño. El humorista es muchas veces el primero que pone a prueba la red de seguridad de la ficción, especialmente cuando juega a tensarla. La ironía, que consiste en hacer malabarismos con las condiciones de verdad de los enunciados, queriendo decir justamente lo contrario de lo que se está diciendo, ya lo sitúa en un terreno tan estimulante como pantanoso. Mi primera experiencia conflictiva tensando las cuerdas de la ficción la viví a los once o doce años en unos campamentos escolares. Me inventé que era sonámbulo y que me habían dicho que a veces podía ponerme violento por las noches. Aquella farsa sembró el caos, vi a varias niñas llorando asustadísimas y comprendí entonces que la situación se había escapado de mi control. La bronca, merecida, fue descomunal. Se podría decir que viví mi propio episodio de *La guerra de los mundos*. Lo cierto es que, a raíz de aquella experiencia, quedé fascinado por el poder que tenían las mentiras si se contaban bien y en el momento adecuado. Así pues, la mentira fue mi primer contacto con el poder de la palabra, y tal vez con el poder a secas. Con los años, amparándome precisamente en las marcas de enunciación de la comedia, aprendí a colmar las inquietudes de mi imaginación sin tener que recurrir a la mentira. Mi sujeto artístico, por llamarlo de algún modo, pudo pronto separarse de mi sujeto moral sin que el segundo se viera afectado por las exploraciones del primero. Es lo que se llama madurar: tras asomarse al abismo del caos y de la crueldad, uno decide tomar partido por la convivencia.

Con respecto al poder de la palabra y su descubrimiento en edades tempranas, hay una realidad que los humoristas debemos admitir: el acoso escolar es muchas veces la primera escuela de comedia. En esta etapa salvaje, que algunos no superan nunca y en la que necesitamos poner a prueba los límites de lo civilizado, las bromas, los sarcasmos y los chistes son herramientas que empleamos para humillar a los demás. En estos contextos, sin un control adulto, el infierno es el límite. De ahí que sea un poco hipócrita mirar por encima del hombro a quienes desconfían de las estrategias retóricas de la comedia, como si no entendieran las reglas del juego. Los humoristas deberíamos ser los primeros interesados en derribar el cliché naif del cómico como un ser de luz que, desde su fragilidad, señala el absurdo de un mundo hostil y de un poder corrupto, y se defiende de él con su afilado ingenio. Cualquiera que haya asistido a un *roast* sabrá que los cómicos también pueden ser narcisistas como el más macarra de los raperos y subirse sin pudor a un escenario para medirse los egos. Hay formas de entender la comedia que se basan en el daño que infligimos a otros. Defendiéndolas, muchas veces creemos abogar por la transgresión y la libertad artística cuando en realidad nos quedamos en una mediocre apología del *malismo*, por usar el término popularizado recientemente por Mauro Entrialgo.

Queda dicho, por lo tanto, que hay estrategias relacionadas con la comedia, tales como la broma o el sarcasmo, que pueden hacer daño, aunque no siempre lo hagan, porque tienen sentido en la medida en que implican a un tercero que se ve involucrado en un juego sin haberlo elegido. Un tercero con el que en ocasiones nos cebamos: no en vano la etimología del término griego «sarcasmo» significa «morder la carne». Como bien señala la artista e investigadora Mayte Gómez Molina, «el sarcasmo puede acercarte a aquello sobre lo que ironizas. Convertir en espectáculo algo horrible puede promoverlo o hasta radicalizarlo». La expresión «convertir en espectáculo» es interesante, pues hay que tener en cuenta que el humor no tiene por qué estar al servicio del espectáculo, ni entretener, ni siquiera divertir. Como decía Fernández Flórez, «el humor es una posición ante la vida», pero esta posición se puede manifestar de maneras muy variadas. Hay personas que no hacen chistes ni gastan bromas, pero muestran una determinada mirada humorística de la realidad. Esta dimensión también forma parte del humor, aunque no persiga la carcajada de la audiencia. El ansia por hacer reír al otro es, desde mi punto de vista, una de las cosas potencialmente más alienantes de la comedia. A veces ni siquiera nos planteamos que no siempre hace falta.

Si asumimos que el humor puede dañar porque a veces muerde la carne, debemos aceptar entonces la pertinencia de la pregunta por sus límites. Cuando lo hacemos, enseguida nos damos cuenta de que los límites del humor son los límites de la convivencia. Y es un error que, en aras de esta convivencia, la ficción se vuelva inocua y el humor blando. Se esgrime a menudo, por ejemplo, el argumento de que la sátira política tiene que ser ecuánime y «dar a todos por igual». Este mandato niega la esencia misma de la sátira. La neutralidad y la equidistancia le quitan precisamente todo lo que le da sentido. Ya lo dijo Orson Welles: «El archienemigo del arte no es la política, sino la neutralidad». Toni Martínez, que fue director de *Las Noticias del Guiñol*, cuenta lo siguiente: «En mi experiencia personal, por lo menos, hay un acto fundacional de ese intento de implantar la sátira equidistante, y es la portada del *ABC* del 4 de abril de 1997, que tengo enmarcada. "Dirigentes del PP piden un 'contraguiñol'". A partir de aquel día, en España (o por lo menos yo lo percibí así) se comenzó a juzgar a los humoristas en función de si se metían con todos por igual, o si repartían para todos lados, eufemismos de lo que en realidad se pretendía: haz unos pocos chistes sobre el PP y otros pocos sobre el PSOE, y así todo permanece igual, tranquilo, en eterno empate. Si la sátira se reparte por criterios políticos institucionales, desaparece la acción disolvente de la sátira, y pasa a integrarse en el sistema».

No somos más civilizados ni contribuimos en mayor medida a la convivencia si nos esforzamos por no molestar a nadie, o si procuramos molestar a todos por igual con el fin de no desvelar nuestras inclinaciones. Esto, en realidad, no tiene mérito: el mérito es velar por la convivencia sin huir de la confrontación. La sátira señala, muchas veces usando la caricatura, la invectiva y la reducción al absurdo, los abusos del poder. Los defensores de la equidistancia olvidan que el poder (que es mucho más que la simple gobernanza) lo ostentan las élites conservadoras, sea cual sea el partido que gobierne. Por lo tanto, cuando alguien acusa al humorista de tender hacia la izquierda, como si con ello estuviera siendo poco profesional, su respuesta debería ser «por supuesto», pues la sátira sin línea editorial es vana pirotecnia. La sátira no se inventó para encontrar el punto medio entre dos extremos, sino para tirar de los extremos hasta reventar sus costuras. Además, es importante tener en cuenta que un enfoque progresista no nos impide ni mucho menos cargar contra la izquierda. ¿Y cuál es un «enfoque progresista»? El que usa la sátira con afán constructivo en vez de emplearla como arma para erosionar la convivencia. Cargar contra el adversario no debería imposibilitar esta convivencia, sino volverla más rica y compleja, pues convivir no es solo coexistir, también implica esforzarse para convencer y desmontar argumentos ajenos procurando que se imponga la mejor propuesta. Es sin duda un ideal inalcanzable, pero es preferible esta ingenuidad a la del cobarde que no quiere molestar a nadie. Molestar no es dañar, y es legítimo hacerlo. Eso sí: hay que estar dispuesto a encajar el enfado y la crítica de quien se ha molestado. El humor más arriesgado suele exigir un diálogo posterior sobre lo que se ha dicho y hecho, especialmente ahora que las opiniones del público también tienen difusión. No hay por qué rehuir este diálogo.

La disposición a dialogar con el ofendido nos lleva a la ética dialógica de Habermas. El pensador alemán defiende que todos los actos de habla albergan unas pretensiones de validez que a veces se cumplen y a veces no. Habermas distingue tres actos de habla: los *constatativos*, los *regulativos* y los *expresivos*. Los *constatativos* son los que tienen una actitud objetivadora, es decir, son afirmaciones sobre el mundo objetivo cuya pretensión de validez es la verdad. Los enunciados de la ciencia serían el mejor ejemplo. Los *regulativos* son los que tienen una actitud moral, vinculada a la vida en sociedad, y su pretensión de validez es la rectitud. Por último, los *expresivos* son los relacionados con nuestro mundo subjetivo. Su pretensión es la veracidad y la sinceridad. La tesis de Habermas es que, si sometemos a examen las cosas que la gente dice, podemos debatir sobre si son verdaderas, rectas o sinceras, según el tipo de discurso que se esté evaluando. Es una pretensión, por cierto, que los filósofos posmodernos, sobre todo desde Foucault, consideran que está abocada al fracaso, del mismo modo en que dicen que fracasó la Ilustración en su intento de racionalizar todos los ámbitos de la vida (el misterio acabó colándose por las grietas de la filosofía). Creo, sin embargo, que la concepción intersubjetiva y racional del discurso es fundamental para que haya convivencia y que apelar a la irracionalidad y a la subjetividad de los actos de habla nos arroja al aislamiento, que es la carcoma de la democracia. Pero insisto de nuevo: el precio que hay que pagar si aceptamos la concepción habermasiana del diálogo es la posibilidad de que alguien nos pida explicaciones por un chiste y no podamos ampararnos en que la expresión artística no tiene por qué rendir cuentas a nadie.

Por fortuna, Habermas establece unas condiciones mínimas que deben cumplirse para que tenga sentido dar explicaciones. En el ejemplo de Sontag sobre Norman Mailer, lo que la autora critica es que se le exijan pretensiones de rectitud a un acto de habla expresivo. Es absurdo, dice, denunciar un asesinato en un discurso de ficción, y la teoría de Habermas ampara este reproche. Pero ¿qué hay de la veracidad y de la sinceridad? ¿Qué hay de los chistes? Mi opinión es que un chiste puede ser deshonesto, injusto, cruel y tóxico. Lo pienso porque llevo muchos años haciendo chistes y se me han ocurrido cosas que he juzgado deshonestas, injustas, crueles y tóxicas (y algunas de ellas me han parecido divertidísimas). El criterio profesional es el que lleva al humorista a evaluar las pretensiones de validez de un chiste. Si no las cumple, ese chiste no debería pasar su criba. Que las cumpla o no depende también del contexto de recepción del chiste. Lo que es válido en una cena con amigos puede ser cruel en una boda o en una guardería, pues las reglas del juego son sensibles al contexto (cuándo, dónde y ante quién se cuenta el chiste). En el proceso de ideación, el creador debe dejarse llevar sin pensar en estas particularidades, pero una vez que ha formado una idea y se dispone a comunicarla, es importante que considere la dimensión social, porque, en tanto que acto comunicativo, el humor está sujeto a las normas de la convivencia. Y, si se equivoca, no pasa nada si se disculpa y rectifica.

Las concepciones más ingenuas de la creatividad hablan de la autocensura como el peor de los males, pero es una aversión que nace del simplismo. Tener criterio consiste en separar lo que vale de lo que no vale (la etimología de «criterio» es «separar»), y este proceso es el que nos permite construir un discurso valioso y con recorrido. Confiesa el escritor Antonio Muñoz Molina: «Defiendo mi libertad de expresión con tanto ardor como cualquiera, pero hay cosas que he dejado de escribir, o de publicar, para no herir a personas que habrían sufrido injustamente. Y me arrepiento de haberme dejado llevar alguna vez por una tentación de sátira que en ese momento me parecía ingeniosa y solo era cruel». Este tipo de reflexiones son (o deberían ser) muy comunes entre los humoristas. No olvidemos que, aparte del ingenio, el humorista necesita que la audiencia confíe en su criterio editorial. Su capacidad de revisar los propios chistes y de ponerlos a prueba, no solo como mecanismos para provocar la risa sino como actos comunicativos, es lo que acaba apuntalando su prestigio. Este depende en gran medida de la relación que uno desea establecer con su público.

Pese a todo, si estamos seguros de nuestro discurso, incluso si es estridente, incómodo, feo o violento, no tenemos por qué renunciar a él ni desistir a la hora de defenderlo. La resistencia de la audiencia a tolerar determinados chistes no siempre se debe a que atenten contra la convivencia, sino a que tocan temas incómodos sobre los que el humorista desea hablar. Aunque conlleve riesgos, el humorista puede obtener grandes satisfacciones cuando se atreve a explorar nuevas estrategias que le permiten llegar a públicos distintos. Este deseo puede ser legítimo, e incluso puede contribuir a abrir debates que a la larga enriquezcan la convivencia. De igual manera, el que pide las explicaciones tiene que someterse a la validez de la ética dialógica: quien impugna erróneamente un chiste porque no es recto ni verdadero, por ejemplo, nos puede conducir a un debate estéril y absurdo en el que se nos exigen unas pretensiones de validez que en la comedia no proceden. En palabras de Habermas, solo tiene sentido debatir con un interlocutor válido. En una acción comunicativa los interlocutores son válidos en la medida en que se reconocen mutuamente como personas, su actitud es de buena fe y su objetivo es entenderse, no quedar por encima del otro ni humillarlo. Lo que los interlocutores se digan el uno al otro tendrá que cumplir asimismo con las pretensiones de validez de los actos de habla y además tendrá que ser inteligible. Si no se nos entiende, si se manejan falsedades, si no se es honesto y si no se respeta el marco legal, entonces el debate no puede ni debe producirse.

Es fácil comprender que a Habermas se le considere un idealista. Para el posmodernismo, su ética discursiva racionalista e ilustrada constituye un mamotreto utópico. Pero, con Kant, Habermas considera que un ideal es una aspiración fundamental que actúa como combustible de los cambios sociales. No en vano su inspiración es el nacimiento en Francia e Inglaterra de los cafés, salones y clubes de lectura en el siglo XVIII, que acabaron dando lugar a una opinión pública supraindividual gestada en un contexto de deliberación colectiva. Con el nacimiento de internet, algunos creímos que se abría la oportunidad de repetir la jugada ilustrada, pero el ruido y el discurso del poder pronto se infiltraron en las redes sociales, y parece que de nuevo es en la presencialidad, en los clubes de lectura y en los cafés –de especialidad– donde tal vez pueda producirse un auténtico diálogo. No hay que olvidar lo que decía Popper: la apuesta por la racionalidad no es una opción racional sino una opción moral.

Una rápida visita a las redes, pese a todo, nos puede sumir en tal estado de pesimismo antropológico que nos sintamos empujados a vivir lejos de la sociedad y rodeados de cabras, o subidos a una columna, como Simeón el Estilita. Y es cierto que, después de veinte años publicando cada día contenidos en la red, he concluido que es importante no leer los comentarios y resistirse a la tentación de discutir con completos desconocidos en mensajes con caracteres limitados y con gente dándole al «me gusta» como en una pelea de gallos. Las redes están diseñadas para volver ilegítimo cualquier debate: dificultan la inteligibilidad al restringir la extensión de los textos y favorecer su lectura apresurada y compulsiva, distorsionan el debate premiando los gestos estridentes por encima de las argumentaciones y, como consecuencia de ello, encontrar interlocutores válidos en estos contextos es como buscar comida sana en un vertedero. Dicho lo cual, y volviendo a Popper, es un deber cívico no instalarse en la misantropía y buscar entornos que sí permitan el diálogo. Como dice Juan Villoro, «en este mundo de telemando, creo que es muy importante preservar zonas de encuentro [porque] nos estamos alejando progresivamente de la experiencia sensible, de los hechos presenciales». No hay que aislarse de la gente, hay que interesarse por vidas y opiniones alejadas de nuestra burbuja social. Y todo ello sin dejar de ignorar cualquier intento de sabotear la convivencia.

Para terminar este apartado con optimismo habermasiano, voy a explicar un caso práctico de diálogo legítimo que, además, tuvo un resultado positivo, al menos desde mi punto de vista. En septiembre de 2013 publicamos en *El Mundo Today* un artículo satírico con el titular «Cientos de niños gitanos inician hoy la vuelta al cobre». Recuerdo que, en aquella temporada, hacíamos muchos juegos de palabras y nos interesaban especialmente los que no se quedaban en el mero cosquilleo, sino que también servían para decir algo. Era la época del año en la que los medios se llenan de artículos *clickbait* con consejos para facilitar la vuelta al colegio y nos pareció procedente escribir sobre el abandono escolar, teniendo en cuenta que seis de cada diez alumnos de etnia gitana abandonan los estudios antes de terminar la secundaria obligatoria, según datos de la Fundación Secretariado Gitano.

Desde nuestro punto de vista, el chiste pasaba la criba: era sátira social escondida detrás de un juego de palabras costumbrista y tontorrón. Lo publicamos, por lo tanto, sabiendo de antemano que habría quejas y también risas inspiradas más por el racismo que por la sátira, cosa que nos daba igual porque, como decía antes, uno debe defender lo que escribe si ha superado su criba. Recibimos, sin embargo, un correo electrónico de una integrante de la Fundación Secretariado Gitano afeándonos el chiste y diciendo, además, que no aportaba nada. Al margen de su enfado, la interlocutora no era una tuitera cualquiera sino alguien que sabía mucho más que nosotros de las problemáticas de los gitanos. Decía que el chiste ahondaba en el estigma y nos acusaba de hacer precisamente lo que Gómez Molina llama «acercarte a aquello sobre lo que ironizas», o lo que también se conoce como «efecto Torrente». No fui tan estúpido ni engreído como para citarle a Habermas, pero sí respondí defendiendo, por un lado, que a la ficción no procede exigirle rectitud y, por otro, que nuestra intención era honesta y sincera, pues habíamos elaborado un artículo satírico creyendo que servía para concienciar sobre un asunto que también nos parecía preocupante. Intercambiamos varios mensajes de cierta extensión, y esto fue posible porque ambos nos hablábamos con respeto y sin querer humillar o aleccionar al otro. Mis argumentos eran más bien teóricos, como es lógico, y los de mi contrincante se basaban en su más que significativa experiencia sobre el terreno.

En mi opinión, su tesis daba por hecho que nuestros lectores eran individuos tirando a garrulos y que no iban a saber descifrar los códigos de la sátira (cosa que yo niego siempre con énfasis, porque conozco bien a nuestros lectores después de veinte años de relación). Como no estábamos dispuestos a privar a los lectores competentes de nuestro contenido solo por el hecho de que un fenómeno viral lo hiciera llegar a personas despreciables, que ya lo eran antes y lo seguirían siendo después de habernos leído, la conversación no logró salir del tira y afloja y terminó por agotamiento. No eliminamos el artículo, ni tampoco otros que han suscitado el mismo reproche, porque creemos que merece la pena recurrir a la sátira para romper el silencio sobre determinados tabúes, siempre que esté bien hecha y sea muy clara con el mensaje que pretende transmitir. Y esto al margen de que siempre habrá quien no la entienda o no la quiera entender: no podemos permitir que esta minoría justifique nuestro silencio. Si siempre tuviéramos en cuenta las interpretaciones «no deseadas» ni siquiera podríamos practicar la ironía y el sarcasmo.

Poco tiempo después nacía *El Payo Today*, una iniciativa de la Fundación Secretariado Gitano para fomentar la sensibilización que cuenta ya con varias ediciones y que, sin aquel artículo que tanto les enfadó, probablemente no existiría. Por mucho que la entidad siga pensando que nuestro chiste no aportaba nada, creo que es bonito que ellos mismos sí consideren que desde el humor se puede trabajar contra el estigma en vez de fomentarlo. Al menos en esto estamos de acuerdo. No es poco.

3. Reír para escurrir el bulto

> El yo rehúsa dejarse ofender y precipitar al sufrimiento por los influjos de la realidad; se empecina en que no pueden afectarlo los traumas del mundo exterior; más aún: demuestra que solo le representan motivos de placer. Este último rasgo es absolutamente esencial para el humor.
>
> SIGMUND FREUD,
> *El chiste y su relación
> con lo inconsciente*

La desafección con respecto a la comedia, un asunto que tiene que ver en parte con su uso como analgésico, era otra de las causas de mi reticencia a abordar este texto. La visión romantizada del humorista describe a un ser que se refugia en la risa para sobrellevar el dolor, una estrategia que a menudo se ensalza como esencial para desenvolverse *en este valle de lágrimas en el que nos ha tocado vivir.* Es cierto que la comedia nos ayuda a todos a salir adelante, aliviándonos en momentos críticos que podrían conducirnos al bloqueo o a un sufrimiento insoportable; podría describirse en este sentido como una ventaja evolutiva. A veces, solo a través de la comedia pueden abordarse determinadas situaciones que requieren un contexto discursivo favorable, con un componente lúdico que nos aporte la distancia necesaria para gestionar el dolor sin abrasarnos. Pero ¿qué ocurre cuando uno convierte el alivio cómico en su personalidad y su personalidad en su profesión? Igual que no es lo mismo ser guapo que construir todo tu mundo alrededor de la belleza, tampoco es lo mismo ser gracioso que convertir los chistes en tu único recurso para enfrentar la realidad y relacionarte con la gente. Llevada al extremo, esta forma de estar en el mundo puede derivar en una suerte de ceguera autoinfligida: incapaces de encajar el sufrimiento sin acudir al alivio de la risa, escupimos el dolor antes de darnos siquiera la oportunidad de digerirlo. Empecinados, en términos de Freud, en que no nos afecten los traumas del mundo exterior, nos acabamos privando de la vida misma.

Una situación de crisis mundial (como, por ejemplo, una pandemia) es una buena excusa para quedarse a vivir en la comedia. También es un contexto idóneo para que el humorista acabe odiando su oficio y, por extensión, su propia personalidad. Los que tuvimos que hacer reír mientras se expandía el coronavirus por el mundo experimentamos la sensación alienante que provoca la comedia autoimpuesta, el jugar sin ganas de jugar. Recuerdo los segundos previos a entrar en directo en la radio, conectado ya a la emisión frente al armario que hacía las veces de estudio improvisado y escuchando el parte diario de muertos. La presión de estar a la altura sin frivolizar era enorme, y es obvio que las defensas naturales de la comedia no nos libraron a los humoristas de las secuelas que afectaron al resto. A veces me veía a mí mismo como una persona que, en pleno incendio, grita: «¡Fijaos en cómo se parece esta llama al peinado de Donald Trump!», mientras el resto busca desesperadamente una salida. Por mucho que me repitiera que la gente necesitaba alivio cómico, y que la comedia era una forma de ayudar, el desgaste sufrido se manifestó poco después bajo la forma de esa desafección de la que hablaba antes.

Nunca me sentí identificado con el perfil del humorista que lidia con el sufrimiento a través de la risa. Siempre pensé, en mi ingenuidad, que la comedia envolvía mi personalidad de forma innata, como un barniz heredado que me daba lustre a la hora de socializar y que, en definitiva, constituía una suerte de bendición caída del cielo.

Explotar esta inclinación natural era, pues, un privilegio que hacía mi vida mejor, pese a que mi vida, con comedia o sin ella, no era ningún valle de lágrimas del que necesitara huir o protegerme. El agotamiento tras la pandemia me ayudó a ver que estaba muy equivocado. En mi caso el humor tampoco había sido únicamente un «lubricante social», pues lo había empleado durante años como analgésico. Y fue precisamente cuando los efectos de su analgesia empezaron a atenuarse que pude atisbar todo el dolor que había acumulado bajo la alfombra de la comedia. En medio de esta crisis de fe continuaba escribiendo chistes cada día, movido por el automatismo y el sentido del deber profesional, pero comencé a problematizar la comedia en el ámbito personal. Puse en cuestión el hábito, tan irritante como irreprimible, de torpedear con chistes y ocurrencias cualquier conversación en la que se hablara de asuntos dolorosos, una dinámica en la que mis amigos y yo caíamos habitualmente. Como niños que juegan a tirarse migas de pan mientras hablan los adultos, saboteábamos sin darnos cuenta la solemnidad de las cosas importantes.

Verme desde fuera comportándome así hirió mi orgullo: siempre me ha avergonzado la obsesión de algunos por demostrar lo graciosos que son todo el rato, como si participaran en un concurso perpetuo de ingenio. Mi «nueva normalidad» después de la pandemia se materializó entonces como un esfuerzo por acotar la comedia para que no colonizara todos los aspectos de mi vida. En este empeño, empecé a conectar de otra manera con la gente. Escribí una novela que, pese a arrancar con una premisa cómica, desembocaba en una tristeza sin matices que la gente de mi entorno, acostumbrada a reírse conmigo, interpretó como un paso hacia delante o, al menos, como una interesante evolución. Aquello me empujó a distanciarme más aún del humor anestésico, sin cuyo aderezo podía percibir al fin el auténtico sabor de las conversaciones. Desde entonces puedo decir que muchas veces estoy más orgulloso de los chistes que me callo que de los que hago.

Por fortuna, la comedia es mucho más que este resorte defensivo del que hablaba Freud y el humor va mucho más allá de lo cómico, de lo que hace reír. Si no lo hiciera, apenas podría considerarse una actividad intelectual: los humoristas no seríamos más que individuos que lograron convertir su tara en un oficio; no muy distintos, en lo esencial, de la mujer barbuda de los circos. Pero no está de más reconocer que en la base del humor no hay tanto una elección personal como una necesidad, y que a veces esta necesidad no es la de comunicarse y abrirse al mundo sino la de esquivar determinados asuntos que no nos conviene tratar. Como le hace decir Milan Kundera al personaje de Petrarca en *El libro de la risa y el olvido*: la risa es «una explosión que nos arranca del mundo y nos deja tirados en nuestra fría soledad. La broma es una barrera entre el hombre y el mundo». La virtud está en transformar esa «risa diabólica» que niega la poesía para convertirla en un mecanismo expresivo, aportándole una dimensión artística y social que trascienda su origen meramente psicológico o, en términos freudianos, la pulsión infantil. Lo más bonito de este proceso de elevación de la comedia hacia la poesía es que, al cabo, uno deja de protegerse para pasar a hacer justamente lo contrario: exhibir su mundo propio ante completos desconocidos, aceptando muchas veces la pérdida de control sobre lo que va a ocurrir, abandonándose al misterio. En esto consiste la madurez del humorista: lejos de parapetarse detrás de los chistes, utiliza la comedia para exponerse a la mirada del otro sin miedo a entablar con la audiencia conversaciones difíciles.

Al hablar con compañeros de profesión sobre este asunto pude confirmar que la madurez, en general, suele alejar a los humoristas del chiste por el chiste –«Creo que los chistes no le interesan a nadie ya», me comentó Alberto González–. El propio Fernández Flórez lo llamaba «el más próximo pariente de las cosquillas», insistiendo en que la gracia «no basta por sí sola para formar un arte». Aunque hay que reconocer que algunos nunca logran escapar del todo de esta compulsión chistosa, especialmente si se sienten inseguros, y la canalizan como pueden para adaptarse al mundo. Mi pareja, Nikki García, tuvo hace poco la oportunidad de rodar un *sketch* con Conan O'Brien, tal vez la persona más divertida de Occidente. Como se llevaron bien, aprovechó un descanso para hablar con él y hacerle las preguntas que yo mismo le habría hecho de haberme atrevido. «¿Te verías capaz de actuar en escenas dramáticas?», le preguntó, y él confesó que no lo había hecho nunca salvo cuando tuvo que interpretar a un terapeuta. «Decidí imitar a mi padre», dijo, y reconoció que siempre que intentaba ponerse serio acababa «rompiendo» la escena con chistes. Como es indudable el valor artístico que ha aportado O'Brien a la comedia contemporánea, tal vez debamos aceptar que ese uso compulsivo del ingenio, bien modulado y aplicado como un barniz a la propia sensibilidad, puede convertirse en combustible para propósitos más sofisticados que la simple descarga de energía, logrando al menos, en términos de Fernández Flórez, abrillantar y hacer amar nuestras ideas.

4. «Yo solo me informo en *El Mundo Today*». ¿Debe un humorista sentar cátedra?

> Si la audiencia se ríe más con la exageración que con la realidad, la exageración se convierte en la realidad.
>
> Jesse David Fox,
> *Comedy Book*

Otro motivo para evitar escribir este ensayo: el miedo a sentar cátedra.

Conan O'Brien recibía en enero de 2025 el premio Mark Twain. En el *photocall* de la gala, el cómico Bill Burr exhibía uno de sus divertidísimos cabreos contra una periodista que le había pedido que se posicionara sobre el caso de Luigi Mangione, procesado por el asesinato del director ejecutivo de United Healthcare. «¿Podrías ratificar que apoyas lo que hizo?», le preguntó la reportera, a lo que Burr respondió que no le iba a ofrecer ningún momento polémico del que pudiera sacar clics. «¿Qué es lo siguiente que me vas a preguntar? ¿Me vas a preguntar por Oriente Próximo? No estoy cualificado para hablar de esto, no es mi trabajo», le espetó. «No deberíais preguntarle a un cómico. Sois periodistas, no deberíais pasarnos a nosotros la pelota. Lo hacéis porque ya no tenéis huevos; antes le echabais huevos, deberíais echarle huevos otra vez», añadió después, cuando otro reportero, ignorándole, insistió en que se pronunciara acerca de Elon Musk.

Si bien en el capítulo 2 hablábamos del sinsentido de exigirle rectitud a la ficción, en el caso de Burr el enfado se debe a que le están exigiendo actos de habla constatativos a una persona cuyo trabajo consiste en emitir actos de habla expresivos –«solo soy un payaso bailarín», llegó a decirles a los reporteros–. Cuando Burr reclama a los periodistas que le echen huevos otra vez, está señalando un desplazamiento de la credibilidad que, en mi opinión, ha dificultado las cosas tanto a los periodistas como a los humoristas. Mientras los medios han ido infantilizando a sus audiencias mediante el empleo de una retórica cada vez más estridente y desaliñada, los medios satíricos se han visto forzados a tratar la actualidad con unas exigencias impropias del gremio. Como bien señala David Fox, tal vez Jon Stewart llegó a sentir, como Burr, que no le tocaba a él convertirse en prescriptor informativo de la sociedad norteamericana, pero la audiencia se había quedado huérfana de referentes y su carisma, sumado a un equipo de guion muy potente, acabó convirtiéndolo en el candidato perfecto para cubrir esta necesidad.

La situación evidencia el triunfo de la economía y de la demagogia sobre la democracia: los medios han vendido el periodismo a las necesidades de las redes sociales, propiedad de las élites tecnológicas, y los lectores y espectadores que siguen necesitando información y análisis de la actualidad –actos de habla constatativos y regulativos– acuden al humor –actos de habla expresivos– pese a que su compromiso con el rigor periodístico no es en absoluto parte de su deontología. Informarse a través de la comedia es informarse en precario. El filósofo Simon Critchley, en su libro *Sobre el humor*, somete la comedia al test de Habermas sobre las condiciones de validez del discurso constatativo, y esta, como es natural, lo suspende: «Los chistes pueden ser insinceros, tener pautas de valor completamente inadecuadas, ser empíricamente erróneos, faltar manifiestamente a la verdad y carecer de corrección gramatical». Siendo todo esto cierto, hoy en día dedicarse a la sátira exige, dadas las expectativas de quien la consume, un compromiso absoluto con la defensa de los principios democráticos y con el ataque a determinados discursos que minan la convivencia. Llevar a cabo esta misión con actos de habla expresivos, no constatativos, es como andar a la pata coja, pues el humor vuelve ambiguo todo lo que toca, como decía Octavio Paz sobre la obra de Cervantes. Además, la situación provoca, por un lado, que el humorista prescriptor se ponga muchas veces solemne, que es el peor pecado que puede cometer la comedia; y, por otro, que la audiencia se acostumbre a informarse en *reels* con risas enlatadas y desista de exigirle credibilidad a quien debería reclamársela.

Cualquier acto comunicativo legítimo, sea periodístico o cómico, se basa en la confianza. En un contexto en el que la confianza en las instituciones, también las mediáticas, se ha erosionado, algunos medios satíricos son, para muchos, lo único que queda en pie. Dice al respecto Toni Martínez: «El deterioro de los medios tradicionales podría cuantificarse: el porcentaje de "noticias" que tienen su origen en una fuente institucional será ahora mismo del 99 por ciento. En realidad, los medios tradicionales actúan como gestores de notas elaboradas por gabinetes de prensa. Los medios satíricos, que responden a una iniciativa personal individual, no viven bajo esa tiranía y el consumidor los percibe como algo "auténtico", no contaminado por los gabinetes de prensa». No es casualidad que Elon Musk manifestara en 2019 su interés en comprar el medio satírico *The Onion*.

En el caso de España, la precariedad del sector es tal que *El Mundo Today* nunca ha crecido lo suficiente como para convertirse en una presa suculenta para el poder económico. Y no ha crecido, entre otras cosas, porque sus responsables no somos gente de negocios ni lo queremos ser. Nuestra independencia, base de la confianza que deposita en nosotros la audiencia, es fruto de una mezcla de integridad personal y odio visceral a las tablas de Excel. Recuerdo una comida con un inversor que fue muy honesto conmigo: me dijo que si nuestra empresa escalaba, es decir, si se hacía más grande y daba más dinero, dejaríamos de hacer el trabajo que nos gustaba hacer, y que si queríamos seguir disfrutando con lo que hacíamos entonces debíamos olvidarnos de ganar dinero. Tenía toda la razón: optamos por permanecer pequeños, tan pequeños como una cucaracha capaz de sobrevivir a un desastre nuclear y también financiero. Esta marginalidad empresarial, combinada con la notoriedad pública, nos ha permitido mantenernos como referencia de la sátira en nuestro país, pero muchas veces, cuando la gente nos dice que nos hemos convertido en la nueva prensa seria, nos sentimos como Bill Burr.

La sátira puede ser oportunista y demagógica en su empeño por defender una tesis atrayente. Al practicarla, no nos podemos permitir sacrificar lo cómico y tenemos que ser capaces de seducir a quien nos lee. «Seducir» es un verbo que se lleva mal con el rigor informativo, pues muchas veces la realidad bien explicada es difícil de sintetizar en mensajes atrayentes. El satirista elegirá casi siempre el titular más efectivo, no necesariamente el más preciso, porque su prioridad es ser gracioso. En este sentido, el cómico más aplaudido puede ser al mismo tiempo un sofista integral. Recordemos la frase del periodista García Ferreras que se filtró en los audios de Villarejo: «Inda, voy con ello, pero es demasiado burdo». En una reunión entre humoristas, la expresión «es burdo, pero…» puede utilizarse con toda normalidad porque la brocha gorda es perfectamente válida en el contexto de la sátira. ¿Por qué? Porque el lector entiende las reglas del juego y sabe que la caricatura, y en ocasiones también la demagogia, son jugadas válidas en virtud del pacto que propone la ficción.

De ahí la cita que encabeza este apartado: en el universo que crea la comedia, se legitima casi cualquier cosa que nos haga reír. En ocasiones, también la propaganda. De hecho, el potencial del humor para la propaganda está detrás de los discursos políticos inspirados en la cultura del *zasca*, una moda que normaliza los actos de habla expresivos en contextos impropios y que es la base del populismo que, entre otros factores, fomenta el auge de los extremismos. Deberían haber saltado todas las alarmas cuando empezaron a legitimarse y a dotarse incluso de cierta épica expresiones como «relato» o «narrativa» en el mundo de la política, que no denotan otra cosa que la voluntad, ya desacomplejada, de vender la moto con estrategias persuasivas propias de la ficción publicitaria. Tal vez, antes de elogiar que los políticos se acerquen al llamado «lenguaje de la calle», deberíamos ser un poco más críticos con ese «lenguaje de la calle» y considerar seriamente si es la mejor opción para el intercambio de ideas en un parlamento.

A los humoristas se nos dice que la realidad nos hace la competencia, y esto tiene mucho que ver con que los representantes públicos y las personalidades del mundo de la sociedad y de la cultura adopten, en términos de Stuart Mill, gestos estridentes y lenguajes que antes se reservaban al juego de la ficción. En efecto, si nos tomamos la realidad a broma todo parece banal y, entre chiste y chiste, Donald Trump se propone alcanzar su cifra ideal de un millón de deportados. La sátira política, en lo que hereda de la picaresca, contribuye muchas veces a volver entrañable al villano a través de su caricatura. Es el reproche que me he dirigido en ocasiones a mí mismo al repasar el modo en que desde *El Mundo Today* hemos mostrado a figuras como Mariano Rajoy o Juan Carlos I, cuya imagen pública se prestaba al blanqueamiento de sus acciones a través del desparpajo, la torpeza gestual y la campechanía. Cierto es que les hemos dirigido duras invectivas en no pocos artículos, pero, como reconoce Gregorio Marañón en su estudio sobre el *Lazarillo de Tormes*, lo pésimo de la literatura picaresca «estriba en el hecho de vestir las fechorías sociales –el robo, el engaño, la informalidad ante la palabra, el mismo crimen– de una gracia tan sutil que todo lo atenúa y que acaba por justificarlo todo».

Los problemas que ocasiona la retórica de las redes sociales no atañen solamente a la credibilidad del contenido, sino también a la forma. Esto es especialmente dramático en el caso de los medios satíricos: el algoritmo ha desvirtuado el juego que más me gustaba. La clave de un medio satírico es la solemnidad del medio serio. El traje, la corbata, el rictus circunspecto, la grandilocuencia de la música y el plató excesivamente iluminado son las marcas de enunciación del informativo televisivo clásico que permiten a su parodia imitar la solemnidad para luego desmontarla. Es bajo el paraguas de la seriedad donde la sátira puede obtener la tracción necesaria para que sus contenidos brillen. De ahí que, en nuestros inicios, buscáramos para nuestros vídeos a periodistas y no a actores: perseguíamos la mayor credibilidad posible. De hecho, el presentador de nuestro primer falso informativo en vídeo, que nunca se difundió, es un reconocido y premiado periodista de Televisión Española.

¿Qué ocurre cuando el informativo renuncia a la seriedad formal para que sus contenidos circulen mejor en vídeos verticales de Instagram? ¿Qué pasa cuando los programas de información adoptan la misma estética que los magazines de entretenimiento o, peor aún, que las tertulias del corazón? Cambia la naturaleza del referente parodiado y el medio satírico se queda huérfano de solemnidad, sus parodias parecen chistes sobre chistes. Al carácter informal de la puesta en escena periodística se le debe sumar también el creciente personalismo: el algoritmo pide caras hablando a cámara, y especialmente caras con las que uno pueda identificarse. Rostros, en definitiva, que puedan «crear comunidad» y, a la postre, nutrir una cartera de clientes. El algoritmo no entiende de grandes corporaciones mediáticas que te sirven en bandeja la actualidad, lo que reclama son *influencers* que resuman en veinte segundos las noticias del día. Lo que hace una marca como *El Mundo Today* es actuar como espejo deformado de cabeceras de prestigio como *El País*, *El Mundo* o el *ABC*. Cuando se nos dice que nuestra marca es más seria que las que le sirven como referente al cual parodiar lo que se señala es, precisamente, que nos estamos quedando solos en la parodia de lo solemne. Para adaptarnos a los cambios del lenguaje, nosotros también tuvimos que jugar la carta del vídeo vertical grabado con el móvil. Hoy en día ya no tiene sentido –al menos para un medio satírico digital– parodiar un reportaje de una hora de *Informe semanal* en un *sketch* con un acabado al estilo de *Brass Eye* o *Cunk on Earth*.

Los tiempos tampoco favorecen lo que a mí más me gusta de *El Mundo Today*: que la autoría del contenido quede parapetada detrás de una supuesta corporación de medios. El atractivo que tienen para el algoritmo la inmediatez y la naturalidad, sumado a la precariedad, fomenta que los humoristas salgamos de las bambalinas para que la audiencia nos ponga cara, sin la intermediación de un actor que haga de presentador, cosa que choca frontalmente con el punto de partida del medio satírico tradicional y nos acerca al monólogo de *stand up* o, en el mejor de los casos, a un *magazine* de humor con un presentador que no es actor sino cómico. Como dice un amigo mío, nos hemos visto forzados a romper la cuarta pared y estamos enseñando los hilos de la marioneta para ganar *engagement*.

Pese a todo, y aunque uno pueda pensar que el algoritmo rompió la magia, la sátira de los medios tiene aún camino por recorrer. Las grandes cabeceras siguen reclamando su legitimidad y los panfletos subvencionados de la ultraderecha insisten en que son ellos los que al fin nos van a contar la verdad, lo que el Gobierno no quiere que sepas. En esta actitud hay solemnidad y, por lo tanto, abono para la mejor sátira. Fue un ejercicio interesante el diseño de *Ok Today*, la parodia que hacemos en *El Mundo Today* de *OkDiario*. El objetivo que nos marcamos no fue tanto ridiculizar a los lectores de este tipo de medios sino apuntar contra sus responsables y señalar su cinismo, su «es demasiado burdo, pero vamos con ello». En este matiz reside, en mi opinión, la belleza de la estrategia, que ridiculiza al mentiroso y no al que se cree su mentira. Titulares como «España no puede confiar en un presidente que dimite por unos bulos torpes que difundió nuestro becario» o «¿Hipocresía? Un vídeo muestra a la ecologista Greta Thunberg respirando oxígeno» son buenos ejemplos del enfoque por el que apostamos con esta parodia.

Mientras exista el periodismo existirá su espejo deformado en forma de sátira, aunque tal vez se vayan perdiendo los valores de producción que tenía en otros tiempos, sobre todo en el formato audiovisual. Al humorista se le seguirá pidiendo que informe a la par que entretenga, y en su mano estará poner en cuestión esa misma competencia enarbolando su capacidad de reírse de sus propias convicciones y recordando que su terreno no es la descripción de los hechos sino su digestión crítica a través de la caricatura. Convendrá también muchas veces recordarle al lector o espectador sus propios sesgos, como hacemos de vez en cuando en *El Mundo Today* con titulares como «Un chiste que refuerza su ideología, el más gracioso que ha leído este joven en mucho tiempo», «Una persona que no se ha reído con una sátira pregunta si "esto es humor"» o «Un hombre alterna entre Telecinco y Antena 3 para asegurarse de que se informa de manera ecuánime y plural».

5. La tiranía del desparpajo

¡Ay de la obra que solo pretenda hacer reír!

ALEJANDRO DOLINA, en el podcast
La venganza será terrible

Es innegable que las redes sociales alientan el florecimiento de los monólogos de comedia: al algoritmo le gustan porque muestran a una persona hablando frontalmente al público y sus chistes son fáciles de trocear para luego servir en forma de vídeos verticales breves. La figura del cómico marida muy bien con la del *influencer*. Los chistes rápidos despiertan la carcajada en el espectador sin exigirle que preste demasiada atención: ofrecen, pues, una gratificación instantánea. El chiste de monólogo recalentado en Instagram y TikTok compite en la misma liga que los perros tocando el violín, elaborados por una IA, las cámaras ocultas, las caídas graciosas o los tutoriales de maquillaje. Es el territorio de los que, como dice

Fernández Flórez, «cifran sus ansias en alegrar, sin otras consecuencias, los ocios de los demás», reduciéndose su comedia a la exhibición de la mujer barbuda en el circo. En este circo, el número estrella es el del cómico que lo apuesta todo al llamado *crowd work*, es decir, que basa su espectáculo en la interacción con el público –«¿Sois pareja?»– para luego extraer «momentos que se puedan viralizar» y subirlos a sus redes, donde congrega a los fans con los que luego llena estadios.

Así, al tomar el criterio algorítmico como guía para orientar sus pasos, muchos cómicos se han sumado a los *trends* del momento para dirigir su material hacia lo que perciben que le interesa a la gente, recurriendo muchas veces al ingrediente estrella: la identificación, el «me río porque es verdad, porque a mí también me ocurre». Soy escritor y no cómico de *stand up*, de modo que trabajo un formato distinto, pero justo cuando empecé despegaban las redes sociales y viví una experiencia similar a la actual. En 2009, cuando creamos *El Mundo Today*, el espaldarazo nos lo dio Facebook, pues permitió que muchos de nuestros titulares se hicieran virales. Las redes de entonces no premiaban nuestra cara ni nuestra personalidad, pero sí la capacidad para llamar la atención con una sola frase. Gracias a esta sinergia, nuestro medio satírico obtuvo la visibilidad necesaria para acabar convirtiéndose no solo en un modo de expresión personal, sino también en una profesión con la que ganarnos la vida. Lo importante, sin embargo, es que nunca dejamos de elaborar el contenido en nuestros propios términos. Hubiéramos podido limitarnos a publicar titulares graciosos con remates de dos frases, como hacemos en los boletines de la radio, pues las redes no nos exigen más y, de hecho, castigan incluso la extensión, como bien ejemplifica el famoso meme de «mucho texto».

Así y todo, como lo que nos gusta es escribir, nunca hemos dejado de desarrollar nuestras ideas en artículos de cuatro párrafos, procurando contar una historia de la mejor manera posible a partir de la idea original que, en ocasiones, acaba siendo lo de menos. Nos da igual que la gente en las redes se conforme con el titular y no lea el texto entero. Siempre hemos concebido nuestro trabajo como una forma de literatura, y cuando hemos tenido que elegir entre lo que nos gusta a nosotros y lo que premian las redes, hemos priorizado lo primero. De hecho, acuñamos la expresión «chiste de prestigio» para aquellas ideas que sabemos que no harán reír a nadie y que, sin embargo, publicamos igualmente para nuestro propio regocijo. No es un prestigio de cara a la crítica, sino de cara a nosotros mismos. Para mí es muy importante poner la expresión personal por encima de lo que el público o las redes nos reclaman. Puedo hacer concesiones, pero necesito sentir que estoy transfiriendo algo propio en lo que escribo.

Como dice Álvaro Carmona, hay que intentar ir siempre por delante del público, no a rebufo de sus preferencias. Este mandato solo tiene sentido, por supuesto, si uno quiere hacer arte a través de la comedia. La cosa cambia si el objetivo es desarrollar una profesión lucrativa, es decir, vender entradas o utilizar las redes como lanzadera para acabar colaborando con alguna productora de entretenimiento. La historia de Álvaro es un ejemplo muy bonito. Preparaba su nuevo monólogo de una hora en la cafetería del museo Reina Sofía, apuntando chistes en su libretita, y luego aprovechaba para ver alguna exposición. Acabó dándose cuenta de que lo que le hacía vibrar, lo que estimulaba su ansia de expresión personal, era lo que veía en esas exposiciones. Por contraste, los chistes en la libretita quedaban reducidos para él a una actividad funcionarial, al jugar sin ganas de jugar en el que es tan fácil caer si nos dejamos llevar por la inercia. Aquella epifanía le animó a cambiar el rumbo. Quien conozca su trayectoria reciente sabrá que, con aquello, nos tocó la lotería a todos. El director de cine Eugenio Mira, otro referente para cualquiera que se dedique a la cultura, y de quien hablaré con detenimiento más adelante, separa claramente la *expresión* de la *profesión*. Hay casos en los que uno consigue meter el pie en ambas, pero lo más habitual es que haya que elegir. Si elegimos la expresión por encima de la profesión, nuestro discurso propio es el que tiene que mandar sobre todo lo demás, incluyendo al público, a las productoras y al algoritmo. Es posible también que, con ello, tengamos que pagar el alquiler dedicándonos a otra cosa en la que nuestro criterio no pintará absolutamente nada.

La naturaleza misma del monólogo de comedia otorga al público un peso difícil de eludir y esto supone un reto nada despreciable para el que aspire a convertir este formato en un modo de expresión personal. El cómico prepara su texto y luego lo prueba una y otra vez sobre el escenario, quitando o reforzando sus chistes según las risas que despiertan en la gente. La dinámica no es muy distinta a la de un grupo focal: se somete un producto industrial al escrutinio de varios desconocidos para retocarlo hasta que satisface las necesidades del mercado. Es el triunfo absoluto del consumo cultural que caracteriza al cliente de Amazon. Esto, que ha sido siempre así, incluso cuando no existía Amazon, se ha complicado con las redes, pues el algoritmo premia o castiga el contenido e influye por lo tanto en el control de calidad, siguiendo, para colmo, criterios opacos. «Esto es lo que funciona ahora en redes, estos son los temas que lo petan», solemos decir, empleando una retórica casi esotérica, muy lejana a la precisión que persigue una investigación de mercado rigurosa. Comparecer de pie frente a un grupo de personas dispuestas a escuchar es la puesta en escena perfecta para darse a conocer y para transmitir un mundo propio, pero no son tiempos fáciles para la autenticidad. Como señala Iggy Rubín, hoy en día, al menos en España, se premia mucho más lo genuino y lo original en las artes escénicas que en la comedia.

La evidencia de que la expresión genuina y personal es un empeño difícil se manifiesta en lo que yo llamo, de forma un tanto hiperbólica, la «tiranía del desparpajo». Con ello me refiero a la imposición de la personalidad por encima del discurso. La expresión «me río con esta persona diga lo que diga, porque me encanta» resume bien este fenómeno. La gente que es «buena comunicadora, natural, que dice las cosas como las piensa, que en el fondo es como tú y como yo» y que además «nos representa a todos», siendo ese «todos» un grupo social, una profesión, una generación o un género, constituye, como diría el exministro José Luis Ábalos, un bien de mercado, incluso si estas personas no tienen nada concreto que decir, incluso si no transmiten un mundo propio. Se aprovechan de la ventaja de que, en un acto comunicativo, captamos primero el tono y luego el contenido. Por lo tanto, si solamente con el tono son capaces de retener nuestra atención, ya no les exigimos audacia en el discurso. En comedia, este populismo se traduce además en la idea de que «si te has reído conmigo, entonces me has comprado el argumento». Volvemos de nuevo al potencial propagandístico de la comedia, a la seducción a través de la emoción y el gesto.

David Fox, que se centra en la comedia norteamericana, explica que la caída de Louis C. K. puso en crisis la falacia del cómico «que es como tú y como yo» y que te cuenta miserias que podrían ser las tuyas. Cuando su persona entró en conflicto con su personaje, por utilizar la expresión tan reveladora del exdiputado Íñigo Errejón, muchos cómicos reaccionaron apostando por evidenciar que todo espectáculo es una representación y que todo cómico es un actor interpretando un personaje. La voluntad de alejarse del monologuista vestido de persona normal –una puesta en escena que Louis C. K. había corrompido al emplearla para ocultar que no era más que otro famoso que se creía impune– pasó por mostrar el artificio mismo y elevarlo, favoreciendo así el barroquismo de propuestas como *RuPaul's Drag Race* y haciendo que el *stand up* se reconociera a sí mismo, al fin, como parte de las artes escénicas. Jerrod Carmichael, Bo Burnham o Hannah Gadsby son cómicos a los que cita David Fox como ejemplares por su empeño a la hora de defender la expresión personal por encima de las expectativas del público; son cómicos que, como Burr, se presentan como lo que son: payasos bailarines. Es decir, artistas.

No es fácil imponer una voz excéntrica frente a la omnipresencia del desparpajo, a cuyo modelo cuesta resistirse si uno desea triunfar. En este contexto, se entiende que el mayor miedo de un cómico sea no hacer reír a nadie, verse condenado a la irrelevancia y a la marginalidad del *underground*, y que ese miedo lo lleve a sucumbir a la compulsión alienante, a la par que adictiva, de despertar la risa a toda costa, diseñando su texto como un medio para construir una marca personal. Superar el temor a que la gente no se ría parece temerario si se pretende «hacer carrera», pero es lo que nos permite innovar y elevar una industria que se aferra por defecto a lo ya conocido. Suele exigirnos, en lo personal, que reneguemos de la complacencia, dando la espalda a la aprobación ajena y al reconocimiento, que son el motivo por el que muchos deciden subirse a un escenario. Si alguien lo tiene claro es la dramaturga Angélica Liddell, que se duele ante esta dificultad: «La sociedad pequeñoburguesa, biempensante, correcta, es falsamente moderna, y por esa razón es también falsamente tolerante, falsamente comprometida, falsamente culta. Cuando se intenta comprender el origen del dolor humano, cuando se intenta comprender el sinsentido de la vida mediante la violencia poética, la sociedad se vuelve intolerante. Si formulamos las grandes preguntas del hombre mediante actos de violencia poética la sociedad se acobarda, se agusana y se vuelve injusta, sorda y ciega».

La retórica inflamada de Liddell expresa una frustración real: la que se siente cuando lo que uno dice sobre el escenario no encaja con lo que la gente quiere pagar por escuchar. Al mismo tiempo, ella misma demuestra, con el merecido prestigio de su propia trayectoria, que existe un público dispuesto a jugar al juego que propone, aunque sin duda no es el público que le dará al «me gusta» en una publicación de Instagram. Si se traslada esto a la comedia, se trataría de apelar al tipo de gente que, en vez de reírse «porque esto a mí también me ha pasado», se ríe precisamente «porque no tengo ni idea de lo que está pasando». Si somos optimistas como David Fox, a fuerza de apostar por discursos excéntricos acabaremos acostumbrando a la gente a disfrutar sintiéndose desafiada, ampliando así el terreno de juego de la ficción humorística.

Lo anterior no debe llevarnos a pensar que solo el humor que desafía desde la marginalidad ostenta pretensiones artísticas o que, cuando hablamos de transmitir un mundo propio, apelamos a esa idea romántica, y nefasta, del cómico como genio torturado. Entre el cómico que pregunta «¿sois pareja?» y Angélica Liddell lavándose los genitales en una palangana hay un término medio en el que se puede jugar al refinamiento sin caer en el populismo del desparpajo ni en la afectación narcisista del genio expresivo. La clave está, en palabras del escultor Juan Luis Moraza, en la capacidad de generar complicidades. Citado por Leonardo Gómez Haro en *El humor en el arte contemporáneo*, Moraza señala que el error del dadaísmo fue reírse *de* los demás, no *con* los demás. Es el gran peligro del ensimismamiento del cínico que se levanta contra el mundo y termina hablándose solamente a sí mismo. Contra este riesgo, explica Gómez Haro, «no cabe más que una nueva reivindicación de un goce dialógico difícilmente realizable desde el principio romántico de la expresión, la subjetividad, la manía, la consciencia, o la crisis».

La violencia poética de Liddell, desde la que se concibe al bufón como aquel que «se libra de la sensación de servidumbre burlándose de aquellos que le contratan y de aquellos que pagan por verle», es la actitud del cinismo y del punk que, por defensa propia, se aleja a patadas del *mainstream*. Así, forzando la mirada hacia lo feo, este bufón puede acabar dándole la espalda también al «goce dialógico», centrándose, como dice Moraza, en la individualidad y olvidando la cordialidad. Para que el humor no reniegue de lo placentero, es necesario que el público pueda participar activamente en el acto comunicativo. Un ejemplo al que recurre Gómez Haro es el trabajo de Saul Steinberg tal y como lo recibe Roland Barthes, que dice de él lo siguiente: «Steinberg funda un gran sistema de lenguaje en el que quedo atrapado y que habito como un espacio que pronto se me vuelve natural, me veo implícitamente arrastrado a "crear Steinberg"». Esta es, para mí, una de las claves del éxito de un humorista: lograr que su lenguaje propio invoque la intimidad y la complicidad con su público, contagiándolo hasta el punto de que no pueda contenerse. Miguel Noguera logró este efecto de manera muy notoria: sus descubridores se veían empujados a emular sus hallazgos en una suerte de celebración de un idioma nuevo. No es el mismo contagio que suscitaba Chiquito de la Calzada, que se quedaba en la imitación, sino, insisto, el reconocimiento de un juego retórico genuino que deviene una invitación irresistible a ampliarlo y refinarlo.

En España, por mucho que se diga que vivimos «en una edad de oro de la comedia», es difícil encontrar perfiles como el de Carmona o Rubín, que tienen la ambición de expresar su mundo propio. Gente como Miguel Noguera, formado en Bellas Artes y sin ningún interés por satisfacer los estándares de la «profesión», Lorena Iglesias, Clara

Ingold, Vanessa Valero, Helena Pozuelo, Judit Martín, Andrés Fajngold o Ignatius comparten la pretensión de trascender los cánones que marca el algoritmo con propuestas personales que exigen al público la disposición de enfrentarse a lo nuevo, pero están lejos aún de sostener un circuito alternativo vigoroso. Y todo esto centrándonos solo en el *stand up*. Si hablamos de escritores de literatura de humor, el panorama es aún más desolador. Como apunta el escritor y guionista Juanjo Ramírez, hay más literatura con humor que literatura de humor, si es que estamos dispuestos a aceptar estos matices, pues a veces los aplicamos de forma muy arbitraria. Podríamos encajar en la literatura de humor las novelas de Jaime Rubio, Santiago Lorenzo, Carlo Padial, Joaquín Reyes, Xavi Daura, Meryem El Mehdati o las de Pablo Vázquez y Ricardo López Toledo, pero pronto tendremos que acudir a autores de narrativa que probablemente no se definirían como escritores de humor. Andrea Abreu, Cristina Morales o Guillermo Alonso son buenos ejemplos. A este respecto, Alonso reconoce: «Quiero escribir cosas dramáticas, pero como me da miedo parecer demasiado serio y pomposo, meto cosas por el medio a modo de alivio cómico y al final la gente considera que me quedan comedias con algo de tensión dramática».

El criterio que seguimos a la hora de considerar si una novela es de humor o si solo contiene humor parece depender en mayor medida de nuestras ideas preconcebidas que de las obras en sí. Elvira Lindo confiesa la rabia que le dio el titular «Elvira Lindo se pone seria» cuando la crítica decidió que había dado al fin el salto a la madurez, como si su obra anterior no tuviera el mismo peso y pudiera al fin sentarse a comer en la mesa de los adultos. Yo mismo me acordé de ella cuando leí en *La Vanguardia* «Xavi Puig se pone serio» después de debutar en la narrativa. El prestigio literario aumenta conforme se atenúa la voluntad explícita de hacer reír y, cuando una obra transita entre lo grave y lo hilarante, el público y la crítica reaccionan con desconcierto y debaten si están ante un drama o ante una comedia como un gato persiguiéndose la cola. Estos debates estériles se explican por la incapacidad de dejar a la obra tranquila, en términos de Susan Sontag, un vicio sobre el que me extenderé en el último capítulo –el lector es libre de saltar al final, como en las novelas de «Elige tu propia aventura»–.

Debemos ser conscientes de que, si consideramos sin dudarlo que *Vestido de domingo* de David Sedaris es una obra de humor, o al menos una tragicomedia, es en parte por la marca personal del autor, que arrastra una inercia como la arrastraba Lindo antes de ponerse supuestamente seria. Y si no consideramos novela de humor *Todo esto para qué* de Lionel Shriver es porque recordamos a la escritora por *Tenemos que hablar de Kevin*, un texto durísimo y grave que se adaptó al cine y le dio la fama. *Todo esto para qué* es una novela de humor como cualquiera de las de Sedaris, con un claro enfoque satírico, aunque retrate con crudeza el desamparo de las personas enfermas. Lo que cambia en el caso de Shriver y condiciona la mirada del lector es, insisto, la marca personal de la autora, que nos impone un sesgo. Sobra decir que en el formato audiovisual se reproduce la misma dinámica. Recordemos cómo se agarró la crítica a la expresión «comedia triste» aplicada a las sátiras de Todd Solondz para poder tomárselas en serio sin necesidad de quitarse las gafas de pasta. Su variante española es «humor de la *bajona*», empleada con frecuencia para describir trabajos como los de Borja Cobeaga, autor de *Negociador*, una comedia sobre el terrorismo etarra que puede competir en hondura con *Patria* sin despeinarse. Acordarse de Fernández Flórez ayuda a evitar todas estas arbitrariedades sin necesidad de inventarse etiquetas forzadas: el humor no es necesariamente cómico, su función no es siempre la del alivio, se puede conmover a través de la particular mirada que impone. Aunque un libro o una película de humor no nos hagan reír, no hay motivo alguno para moverlos a otra estantería.

Considero importante terminar este apartado con otros ejemplos actuales de profesionales de la comedia en España que sí han logrado conciliar la expresión personal con el discurso *mainstream*, lidiando con un alcance –y por lo tanto un corsé– que supera al de las creaciones de Noguera sin perder por ello la capacidad de trascender la tiranía del desparpajo y de establecer vínculos sinceros con el público. Luis Piedrahíta es uno de esos casos en los que el humorista ha encontrado la forma de filosofar en marcos estrechos pensados para el mero entretenimiento. Cuando Piedrahíta diseña un espectáculo, normalmente empieza por esbozar una temática, por ejemplo: «La libertad como concepto moral y filosófico». A partir de ella, expresa una tesis intuitiva que luego apuntala y nutre con bibliografía. En última instancia, después de un proceso de investigación, despliega un texto cómico en el que el resultado de su exploración se expone con la claridad y el sentimiento con el que Carl Sagan le hablaba al gran público de los misterios del cosmos. En este sentido, lo que hace Piedrahíta es pura divulgación filosófica articulada a través de la retórica cómica, que le permite ganarse la confianza del público usando los cauces habituales y ya reconocidos. Pero su estrategia nace de un interés genuino por el misterio y por las zonas grises de la moral y del conocimiento. Otro exponente de esta modalidad es el trabajo de Riki Blanco en sus viñetas para *El País*, que trascienden el mero comentario ingenioso de la actualidad –lo único que el medio le reclama– y se rinde muchas veces a su propia intuición visual y conceptual esperando, como Carmona, que el lector lo acompañe en un viaje que ni siquiera él había planeado. En el terreno del humor de actualidad es obligada también la mención a Alberto González, *alias* Querido Antonio, quien, como Miguel Noguera, ofrece en sus piezas para *El Intermedio* una mirada propia que cautiva sin dejar de hacer lo que el medio le pide: sátira política. En la misma línea, Toni Martínez, con sus crónicas diarias en la radio, ha sido capaz de tejer un idioma compartido que, desde el divertimento, construye una alternativa lúdica al dogmatismo empleando el altavoz de un medio de masas.

6. ¿Por qué las modelos de H&M ponen cara de asco?

La ironía lo arruinó todo. Ni siquiera las mejores películas de explotación se concibieron para ser «tan malas que fueran buenas». No fueron hechas para la intelectualidad. Fueron hechas para ser violentas de verdad, o para ser sexis de verdad. Pero ahora todo el mundo tiene ironía. Incluso las películas de terror son irónicas. Ahora todo el mundo es un enterado. Todo el mundo está a la moda. Ya nadie se toma nada al pie de la letra.

JOHN WATERS

La frecuencia con que el mundo del arte ha echado mano sin complejos de recursos humorísticos a lo largo de su historia, desde Marcel Duchamp o René Magritte hasta Banksy y los colectivos RTMark y Guerrilla Girls, pasando por Wim Delvoye, por citar algunos ejemplos remarcables, no se corresponde con el interés de los humoristas por visitar museos. Este provincianismo intelectual de la comedia está relacionado con la expresión *The A-Word* que acuñaron Javier Jaén y Álvaro Carmona cuando, enfrentados a la necesidad de hablar de su trabajo en una charla, se dieron cuenta de que les daba vergüenza referirse a ellos mismos como artistas, por lo que la palabra «artista» era para ellos *The A-Word*. La tesis de Carmona es que este remilgo se debe al cinismo que se ha instalado en la escena de la comedia.

Cuando hablamos de cinismo, hay que tener en cuenta que el humor sin humanismo es un arma peligrosa. El cinismo de hoy en día es seductor y *cool*, pero elude todo compromiso con el otro, con lo institucional, con lo civilizado. Su desconfianza con respecto a la civilización es radicalmente posmoderna. Pero no es verdad que la civilización sea enemiga del humor por su seriedad endémica, por su solemnidad. Al contrario, la auténtica civilización encuentra en el humor una estrategia imprescindible de autodiagnóstico, necesario para su mejoramiento. El humor es, en realidad, un discurso civilizado cuya tarea es desmontar certezas para poner a prueba su resistencia (es, en este sentido, un ejercicio filosófico). El cinismo es el arma más poderosa del humor cuando la civilización exhibe una seriedad acaparadora que no deja espacio a la crítica. Hoy, sin embargo, cuando se pone en duda la civilización misma, el cinismo es veneno y se requiere de nuevo un espíritu humanista en el que el humor sigue teniendo su cometido. El cinismo, en definitiva, no puede convertirse en una quimioterapia que arrasa tanto las células sanas como las cancerosas, pues se confunde entonces con la enfermedad misma.

Es importante aclarar que empleo aquí el término «cinismo» en su acepción convencional, no filosófica. Dentro de la filosófica, además, habría que hilar más fino para separar el cinismo de raíz socrática de Antístenes –crítico con la democracia y con la demagogia de los políticos, y que, pese a ello, no renunciaba a los valores cívicos– del cinismo de Diógenes de Sínope, ese «Sócrates enloquecido», en palabras de Platón, que llevó al paroxismo las máximas de Antístenes al proponer la transmutación de los valores establecidos y al defender una insolencia anárquica y vitalista a través de la desvergüenza como instrumento pedagógico y de autoafirmación. El filósofo Peter Sloterdijk distingue, además, entre *cínicos* y *quínicos*, estos últimos seguidores de Diógenes en su empeño por oponerse a la solemnidad a través del cuerpo, «respondiendo al lenguaje de los filósofos con el de un *clown*». El cinismo que ha sedimentado hasta imponerse en nuestros días como acepción coloquial es una suerte de perversión del cinismo clásico, alejada del bufón de Liddell que se defiende de la humillación del poderoso. Cuando se dice que hay que hacer humor de abajo hacia arriba y no al revés es porque se concibe la comedia como sospechosa de este tipo de cinismo degradado. Es el cinismo del que mira sistemáticamente por encima del hombro, como si todo le provocara asco. Intentando tal vez rascar algo del prestigio que ostenta el supuesto arte elevado en su gravedad y afectación, el cómico ha encontrado en ese cinismo una manera de ponerse serio, de ponerse por encima. Su actitud, que es de reclusión y no de exploración, supone la negación misma del arte y de la vida, y nos aboca a la endogamia, al chiste privado de camarilla de culturetas, a la pobreza intelectual. Es también la negación de la alegría y del juego, típica del biempensante a quien aturden el carnaval y el jolgorio (porque, además de triste, este cinismo es clasista).

El cómico intoxicado de cinismo ridiculiza lo que se expone en los museos y en los teatros, rebaja cualquier ambición que pueda pecar de ingenua, y es dañino y castrador con quienes intentan alcanzar una excelencia que ellos juzgan imposible porque, de ser posible, ellos mismos ya la habrían alcanzado. Juanjo Ramírez define esta actitud como «el arte de arroparte con la toalla en el suelo, una vez que has decidido tirarla». Joaquín Reyes lo retrata de forma magistral en su reinvención de Francis Ford Coppola, a quien hace decir: «A todos los que queréis ser directores de cine, mi consejo es que no lo hagáis, que lo mejor de todo es que os quedéis en vuestra casa porque, total, la mayoría no lo vais a conseguir y los otros ibais a hacer mierdas».

El cómico cínico es el cómico romántico, narcisista y torturado que sobrevive atrincherado en este mundo gris que no reconoce sus méritos y que, por tanto, es fuente de todas sus ansiedades. Pervirtiendo la ambición de Diógenes de transmutar los valores, ha traicionado el espíritu de la secta del perro solemnizando el humor y haciendo que se vuelva melancólico, afectado y, sobre todo, distanciado. Lo peor de todo es que este cinismo, al no poner auténtica pasión en nada, tampoco se toma muy en serio su propia comedia, de modo que, cuando es confrontado, replica que lo suyo «solo son chistes» y que hoy en día «no se puede decir nada». Al mismo tiempo, cultiva paradójicamente, cuando le conviene, el cliché del humor inteligente, una expresión con la que se asume que el humor es normalmente idiota, por lo que es necesario especificar cuándo estamos ante una excepción. El cínico, no cabe duda, se considera una de estas excepciones y su risa es, en el fondo, lo que Thomas Hobbes describe como una «pasajera exaltación emanada de un descubrimiento repentino de nuestra superioridad sobre los demás».

Gómez de Haro explica muy bien aquello en lo que –para Félix de Azúa– se ha convertido el artista cínico contemporáneo y que puede aplicarse también al cómico resabiado: «La energía del romanticismo ha impregnado hasta tal punto nuestra concepción de lo que es un artista, que aún pensamos en él como en alguien independiente, libre y genial. Ese error, tan frecuente y dañino –dice Azúa–, conduce al desastre a miles de jóvenes bienintencionados que creen poder ser tanto más artistas cuanto más independientes, libres y geniales sean. De resultas de lo cual, una notable cantidad de gente pintoresca es incapaz de hacer aparecer ante el público nada que no sea ella misma». Lo peor de todo es que esta actitud de ensimismamiento, azuzada por el culto a la marca personal que premian las redes sociales, crea un clima que impregna la estética hegemónica, ejemplificada incluso en la publicidad a través de esas modelos de H&M, de tez pálida y mirada de besugo, que parecen no necesitar nada de nadie por mucho que se estén anunciando. Es también el prestigio de la afectación el que hace que un músico de la trayectoria de Damon Albarn desprecie la alegría de Taylor Swift para ensalzar la cara mustia de Billie Eilish, como si hubiera que elegir entre dos de las mejores compositoras del pop contemporáneo.

Sumemos este clima negador de la vida y de la alegría a la precariedad del sector y podremos comprender hasta qué punto es difícil, para alguien que empieza, atreverse a defender una mirada propia, sobre todo si no se amolda ni al frívolo desparpajo que fomenta el *mainstream* ni al esnobismo distanciado. La mirada propia, además, no es una cosa innata, fruto del genio, sino que se define y redefine constantemente a través de la mirada del otro y del diálogo con multitud de referentes artísticos que nos sirven de inspiración y de modelo, pues la cultura, no lo olvidemos, es un juego compartido (en términos de Wittgenstein: no tiene sentido como lenguaje privado). Si los referentes culturales que marcan el lenguaje imperante son castradores y endogámicos, además de masculinos, blancos y heterosexuales, fácilmente caeremos en la falta de motivación y en la sensación de que la comedia es un club para iniciados, como suele ocurrirles a los que aspiran a participar del mundo literario o artístico. Es una señal de alerta que dos profesionales de reconocido prestigio como Jaén y Carmona perciban los efectos de esta intimidación, pero la solución no es renegar del arte. Basta con renegar del cinismo que lo contamina. Convirtamos, pues, el cinismo contemporáneo en nuestra *C-Word*.

Iggy Rubín dice que le parece muy difícil, si no imposible, que alguien que escribe comedia cada día de su vida no acabe siendo bueno desempeñando esta tarea. Es una concepción del trabajo creativo que parte de la artesanía y con la que puede uno alejarse de esa idea romántica del genio, que tanto daño hace, sin negarle por ello al oficio sus aspiraciones poéticas. Yo reconozco en mí una tendencia natural al ingenio y mentiría si negara que me allanó el camino, pero fueron las ganas de escribir comedia cada día las que me permitieron encontrar y depurar mi propia voz, una tarea en la que sigo enfrascado y que espero que me lleve toda la vida. Cuando nació *El Mundo Today*, Kike García y yo no teníamos ni idea de que existía un diario satírico en Estados Unidos llamado *The Onion*. De haberlo sabido, tal vez hubiéramos caído en la trampa de pensar que no merecía la pena intentarlo porque ya estaba hecho. La ignorancia nos permitió esquivar, sin darnos cuenta, la losa del cinismo.

Consciente de esto, he renegado siempre del enciclopedismo y muchas veces he preferido no estar demasiado al tanto de lo que hacían otros para que el ruido exterior no me condicionara. Al principio me acomplejaba un poco no estar tan al día como algunos compañeros, capaces de recitar de memoria nombres de cómicos estadounidenses y diálogos enteros de *Los Simpson*. Con el tiempo, sin embargo, me he quitado de encima este complejo y, con ello, ha aumentado mi curiosidad por lo que se hace fuera. Es una curiosidad genuina, que no responde al miedo a ser pillado en falso. Un escritor al que admiro, de amplísima trayectoria y para colmo académico de la lengua, me comentó en una cena lo mucho que le gustaba *El Mundo Today* mientras recordaba algunos de sus artículos favoritos. Dándole alas a mi síndrome del impostor, le aclaré que, en realidad, yo no tenía ni idea de comedia ni estaba demasiado al tanto de lo que se cocía en la escena actual, pues mi acercamiento al humor siempre había sido más intuitivo que académico. Él fue el primero en quitarle hierro al enciclopedismo y me contó que, de joven, se le ocurrió una idea genial para una novela y fue un amigo de la universidad quien le tuvo que explicar que aquella idea era ni más ni menos que la base de *El proceso* de Kafka. Desmitificar a los demás, pero, sobre todo, ser capaz de desmitificarse uno mismo es un acto de honestidad y de generosidad fundamental para extirpar el cinismo y ensanchar con ello los márgenes de la comedia, entablando un diálogo abierto con otras disciplinas y lenguajes. La receta contra el provincianismo es una ética profesional que cree en la cultura como proyecto colectivo y que se asienta en el altruismo, la ambición de abrazar el misterio, el espíritu lúdico y la apertura de miras –amén de la veracidad y la sinceridad que exige Habermas a los actos de habla expresivos–. Aparte del ya citado Iggy Rubín, Eugenio Mira es, desde mi punto de vista, un ejemplo perfecto de artista que encarna estos valores, y su *modus operandi*, que articula a través del concepto de «transferencia de impacto», es muy clarificador, por lo que merece la pena dedicarle unos párrafos.

7. Eugenio Mira y la transferencia de impacto

> Yo no creo en soñar despierto. Tampoco creo en la imaginación. Es arbitraria y yo busco la verdad, y la verdad es el misterio. En fin, no creo en las ideas. Si yo las tuviese, mis cuadros serían simbólicos. Pues bien, afirmo que no lo son.
>
> RENÉ MAGRITTE

Esta cita de Magritte recuerda un poco a la negativa del humorista a diseccionar el chiste para entender sus mecanismos, una aprensión que David Fox insiste mucho en que dejemos atrás. Magritte es ese espíritu fino de Pascal resistiéndose a dejarse atrapar por las abstracciones del espíritu geométrico –en su caso intenta distanciarse del psicoanálisis–. En términos de Gómez Haro, con ello se niega «a cualquier esclarecimiento». Aunque sus pinturas no sean acertijos y se resistan a esa mirada que extirpa el misterio de la creatividad, es evidente que en su proceder hay un ejercicio constante de asociación de ideas y que es en el marco de esta actividad que el artista busca su misterio. Hablando del surrealismo, Gómez Haro cita al escritor húngaro Arthur Koestler, para quien el proceso creativo «exhibe la misma estructura lógica (el descubrimiento de parecidos ocultos) en el humor, la ciencia y el arte, ya que este proceso lleva al sujeto a percibir que dos cosas distintas son parecidas».

Esta forma de operar, siempre a la caza de vínculos no evidentes entre elementos en apariencia desconectados, es el combustible de toda actividad artística. Como director de cine, Eugenio Mira confiesa que, con la edad, cada vez le interesa más dirigir material ajeno que rodar guiones propios, porque es en la exploración del texto que le viene dado donde pone en marcha el proceso de asociación libre de ideas, identificando en él «oportunidades de expresión», es decir, conexiones que le llaman la atención, hallazgos que le permitirán decir algo propio, algo nuevo y relevante para el espectador. Hay que entender, como explica él mismo, que el guion de cine no es una partitura con instrucciones cerradas, sino una invitación a que el director trabaje el texto para hacer una película a partir de él; de ahí que el material ajeno le suponga un reto interesante.

Mira, como cualquier artista apasionado, es una mente siempre a la caza del misterio. Combina, además, esta actitud con un claro afán metodológico y cita a George Carlin cuando dice «¡Apúntalo todo!», un mandato tan simple como necesario para que al cazador no se le escape ni se le olvide nada. Siguiendo a Carlin, Mira recomienda anotar todo lo que nos llame la atención, archivarlo y etiquetarlo para poder recuperarlo con el paso de los años. «Si algo no me hace gracia, lo olvido», reconoce el director, y cuando emplea la expresión «hacer gracia» no se refiere a la risa, sino a esa chispa que salta cuando se juntan dos ideas en apariencia incongruentes. Una chispa, por cierto, semejante a un enamoramiento.

Exactamente este es mi proceder: en *El Mundo Today* disponemos de un documento con decenas de miles de conexiones de ideas que nos han llamado la atención en algún momento, que nos han «hecho gracia», aunque no siempre nos hayan hecho reír. Cuando uno incorpora esta metodología y la caza de ideas deviene rutina, ocurren cosas que parecen magia y que nos acercan a la experiencia del misterio. Me refiero, por ejemplo, a la sensación que experimenta el escritor que, en un momento dado, se da cuenta de que los personajes de su novela han cobrado vida y son ellos mismos los que dirigen la trama, y se ve incapaz de saltarse las normas que la propia lógica de los personajes, en su interacción, ha terminado por imponer. Percibe así que tiene cada vez menos margen de maniobra, pues no puede quebrar la voluntad de los personajes sin traicionarse a sí mismo. Siente entonces que la novela «camina sola», como por obra de un conjuro, pero en realidad es el entramado de ideas interconectadas lo que ha entrado en acción, desplegándose sobre el tablero de juego que el propio autor había diseñado. Si a este proceso le sumamos la intervención del público, como ocurre en el caso del *stand up*, donde se establece una conexión abierta con el espectador, el efecto se multiplica y el creador asiste maravillado a la autonomía de una obra que había nacido en la intimidad de su pensamiento.

Por si todo esto fuera poco, con los años uno se va dando cuenta de los patrones que sigue al asociar ideas y el análisis de dichos patrones le ofrece un acceso privilegiado al funcionamiento de su propio cerebro o, por decirlo en un lenguaje más simple pero más *new age*, al autoconocimiento. Pero el acto creativo es un acto comunicativo y, como tal, no se agota en esta introspección, sino que se orienta siempre hacia la transferencia del impacto emocional. Todo el oficio del autor se pone en marcha para que esas asociaciones de ideas que lo fascinaron se articulen en un artefacto cultural que reproduzca en el receptor el impacto que lo llevó a entrar en acción. El objetivo, en definitiva, es trasladar al público el misterio que sedujo al artista. Con ello se revelará su mundo propio, la realidad tal y como queda después de haber atravesado su experiencia personal. Pone Mira el ejemplo de varios pintores que reciben el encargo de pintar el mismo árbol y que dará lugar, inevitablemente, a pinturas distintas que reflejarán impactos emocionales genuinos, el mismo «qué» manifestado a través de distintos «cómos», el mismo guion reflejándose en películas distintas.

Para que la transferencia de impacto, tal y como la entiende Mira, contribuya a añadir algo nuevo es imprescindible que el artista esté siempre abierto a ampliar su marco de referencias, esto es, el terreno de caza. De ahí que en el apartado anterior cargara con tanto énfasis contra la endogamia y el solipsismo del cómico cínico, pues los impactos se nutren de estímulos nuevos que nos asaltan en la propia experiencia vital. Sin una mentalidad abierta y curiosa nuestro discurso se agota, se vuelve reiterativo y consume su propio oxígeno. Otro requisito para que no se rompa la magia del proceso es la autonomía del creador, la importancia del adjetivo «libre» en esa «asociación libre de ideas». El peso excesivo de los gustos del público y de las preferencias de la crítica pueden convertirse en vicios ocultos que condicionen nuestro proceso creativo, llevándonos a decir lo que creemos que los demás están dispuestos a escuchar, orientando nuestros intereses hacia lo que está de moda y adulterando, en definitiva, nuestro criterio. De ahí la distinción que hace Mira entre expresión y profesión, un cordón sanitario imprescindible para salvaguardar la transferencia de impacto de la intervención de elementos espurios. Esta contaminación es crítica durante el proceso creativo, pero también afecta una vez terminada la obra a través de las opiniones que se vierten sobre ella. Se entiende así la actitud defensiva de Magritte, ese empeño por mantener alejado el misterio de las garras de la interpretación académica. Y, si hablamos de interpretación, es obligado mencionar a Susan Sontag, cuya concepción de la teoría del arte contribuyó a liberar a la obra de quienes la conciben como un medio para el conocimiento y le exigen, de forma ilegítima, compromisos propios de los actos de habla constatativos y regulativos.

8. Hay que dejar a la comedia tranquila

> ¿No ha observado que la gente no sabe leer a Kafka porque quieren descifrarlo? En vez de dejarse llevar por su imaginación insuperable, buscan alegorías, y lo único que se les ocurren son clichés.
>
> Milan Kundera

El británico Harry Baker tiene un poema llamado «Introducing babies to horses», que él mismo recita en público y que ha circulado con notable éxito como *reel* de Instagram (ha cosechado casi once mil «me gusta»). Es la mejor pieza de comedia que he descubierto este año. Baker lee el texto directamente de un folio que sostiene con la mano izquierda. La palma de la mano derecha la mantiene extendida sobre el pecho. Está sentado en un taburete frente a un micrófono, igual que un monologuista. La declamación, sin embargo, es la de un poeta y su voz reverbera solemne como en un templo. La gente escucha en silencio durante los primeros veinte segundos, pero brotan enseguida las primeras risas, tímidas al principio, sin romper del todo el clima ceremonial que impone un recital poético. El escritor continúa declamando y, de nuevo, se oyen risas. El público se va relajando, se establece un clima de cercanía y ternura. La ternura se debe a la escena que el autor describe: el momento en el que su bebé vio un caballo por primera vez.

Me recordó a la famosa rutina de John Mulaney, «There's a horse in the hospital», en la que el cómico estadounidense compara la presencia de Donald Trump en el Gobierno con la de un equino en un centro hospitalario. En ambos casos, se juega con la envergadura y la fuerza de un caballo, potencialmente destructiva, en contraste con la extrema fragilidad del contexto donde se ha decidido imaginarlo. Baker está hablando de su hijo con la mano en el pecho, no hay nada más importante para él en la vida. Mulaney habla de la democracia y de su debilidad, que no es un tema menos trascendental. Lo que cambia es la maniobra de aproximación al asunto. Incluso sin despertar ninguna risa entre el público, Baker triunfará porque las risas son una reacción sobrevenida, importante para crear un determinado clima, pero no esencial para alcanzar el objetivo del acto comunicativo. Mulaney, en cambio, no se puede permitir el silencio como única respuesta. El formato que ha elegido impone una respuesta emocional concreta con la que luego se evaluará el rendimiento del texto, por supuesto brillante, aunque el de Baker no lo es menos.

El poeta británico consigue que la gente se ría limitándose a comparar el tamaño de la cabeza del caballo con la del bebé. No es un chiste, es una observación que no encierra ni siquiera ingenio. El detonante de las carcajadas es la ternura, uno de los componentes necesarios en el humor, según Fernández Flórez, aunque no en la comicidad. Y esa ternura la despierta una asociación libre de ideas, la cabeza de un caballo puesta al lado de la cabeza de un bebé. El autor detecta una oportunidad de expresión en esta comparación y la incorpora al texto –insisto– sin esperar que el público la encuentre graciosa. La forma más bonita de hacer reír es no necesitarlo, permitir y celebrar que la comedia se manifieste, pero dejándola tranquila.

¿Qué significa dejar a la comedia tranquila? Para explicarme necesito recurrir a Susan Sontag y a su propuesta de superación del paradigma aristotélico en la crítica de las artes. Cualquiera que se dedique a escribir habrá oído hablar de la *Poética* de Aristóteles, un referente clásico e ineludible pese a que, en realidad, está compuesto de las notas que tomaba el autor para preparar sus clases y no puede presumir del acabado de sus obras más célebres. Es, sin embargo, una delicia leer este brevísimo texto, en el que el estagirita desgrana los elementos que debe contener una buena tragedia y los que son propios de una buena epopeya; por desgracia, el espacio dedicado a la comedia se perdió, quedándonos apenas unas pocas reflexiones, pero suficientes, eso sí, para deducir cómo la concebía a grandes rasgos o, para ser más precisos, qué esperaba de ella. Queda claro en la *Poética* que Aristóteles defiende y sistematiza el paradigma naturalista de las artes propio de su época. Sontag considera que este paradigma ya no debe proyectar su sombra sobre la crítica de las artes actuales, pues el molde del naturalismo, con el paso de los siglos, se ha quedado demasiado estrecho.

Si bien es cierto que Platón defendía que el arte no servía para nada y que era una imitación de una imitación –para él, una mesa es la imitación de la idea de mesa, de modo que la pintura de una mesa es la imitación de la imitación de una idea–, Aristóteles intenta salvar el arte de esta inutilidad y para ello sostiene que es terapéutico, pues «suscita y purga emociones peligrosas» a través de su acción mimética. Como quien detalla la composición del diazepam, Aristóteles explica qué elementos debe contener esta mímesis de la realidad para lograr con excelencia su efecto terapéutico, afianzando con ello la idea de que el arte tiene que servir para algo y que, por tanto, el público está más que legitimado a depositar en él expectativas de rendimiento óptimo –recordemos la idea de comedia como grupo focal que fracasa si no hace reír–.

Esta manera de entender la obra de arte separa en ella el contenido de la forma y considera que el contenido, lo que la obra nos dice, es la clave para que genere en el público el efecto deseado, para que cumpla su cometido. Los recursos formales que se utilicen para transmitir el contenido tienen que estar al servicio de esta función primordial. En contra de lo que nos dice Eugenio Mira, lo importante es la partitura, pues no se trata de transferir un impacto emocional o sensitivo sino de trasladar una determinada información que sea útil para la gente. Es la destreza en el oficio la que nos permitirá entonces alcanzar la excelencia como poetas. El que reciba la obra y se proponga analizarla deberá llevar a cabo una interpretación que le permita extraer de ella su contenido para luego evaluarlo. En el caso de la comedia, la misión del que interpreta será averiguar qué se ha querido decir con el chiste, a quién ridiculiza, qué pretende transmitirnos sobre la sociedad o sobre nosotros mismos. Todo ello al margen de las elecciones formales del cómico, que son simples medios para transmitir el contenido a través de la risa (en este sentido, como dice Sontag, se manifiesta un «desprecio declarado por las apariencias»).

Sontag defiende que la interpretación implica siempre una agresión sobre la obra de arte en tanto que fuerza el texto para acomodarlo a las necesidades de los lectores de cada época. Como ejemplo histórico, menciona entre otros a los estoicos que, «a fin de armonizar su concepción de que los dioses debían ser morales, alegorizaron los rudos aspectos de Zeus y su estrepitoso clan de la épica de Homero. Lo que Homero describió en realidad como adulterio de Zeus con Latona, explicaron, era la unión del poder con la sabiduría». La filosofía medieval es también un ejemplo claro de interpretación: en el caso de los neoplatónicos, se forzaban los textos de Platón para que encajaran con la religión del momento. Santo Tomás lo haría con el propio Aristóteles para hacerlo encajar a la fuerza con el catolicismo. Dice Sontag que «el intérprete, sin llegar a suprimir o reescribir el texto, lo *altera*. Pero no puede admitir que es eso lo que hace. Pretende no hacer otra cosa que tornarlo inteligible, descubriéndonos su verdadero significado». En *Contra la interpretación*, un ensayo breve pero de una clarividencia abrumadora, Sontag señala que ni siquiera el paso de los siglos ni la irrupción del arte no figurativo han conseguido disolver esa idea de que el arte tiene que significar algo que nos resulte útil. Persiste en la actualidad una «hipertrofia del intelecto a expensas de la energía y la capacidad sensorial». El *qué* por encima del *cómo*, la concepción utilitarista de la obra de arte por encima de su valor expresivo.

En la misma línea de Kundera, Sontag defiende que la obra de Kafka «ha estado sujeta a secuestros en serie por no menos de tres ejércitos de intérpretes. Quienes leen a Kafka como alegoría social ven en él ejemplos clínicos de frustraciones, la insensatez de la burocracia moderna y su expresión definitiva en el estado totalitario. Quienes leen a Kafka como alegoría psicoanalítica ven en él desesperadas revelaciones del temor de Kafka a su padre, sus angustias de castración, su sensación de impotencia, su dependencia de los sueños. Quienes leen a Kafka como alegoría religiosa explican que K. intenta, en *El castillo*, ganarse el acceso al cielo; que Josef K., en *El proceso*, es juzgado por la inexorable y misteriosa justicia de Dios…». Este ejemplo deja claro que la interpretación, entendida como «*la* manera moderna de comprender algo», convierte el arte «en artículo de uso». De ahí mi referencia, al inicio de este texto, a las reseñas con estrellitas, tan de moda hoy en día, que incitan a evaluar *productos culturales* como si fueran productos de consumo.

Según Sontag, «en la mayoría de los ejemplos modernos, la interpretación supone una hipócrita negativa a dejar sola la obra de arte», es decir, un empeño por domesticarla, asumiendo que está aquí para servirnos. Esta crítica sigue siendo pertinente en la actualidad (*Contra la interpretación* se publicó por primera vez en 1964) y, cuando la llevo a mi terreno, encuentro en los motivos que la suscitan las causas de mi desafección con respecto a la comedia. El vicio de la interpretación está detrás de la condescendencia con la que muchos reciben la comedia como un arte menor «que nos ayuda a ver la vida de forma positiva», y que, por cierto, suelen ser los mismos que luego se indignan cuando el humor se adentra en terrenos oscuros, convirtiéndose entonces, según ellos, en una práctica «de mal gusto». Con Sontag, dejar tranquila a la comedia, o dejarla sola, supone renunciar a encontrar en ella «la mayor cantidad posible de contenido, y menos aún en exprimir de la obra de arte un contenido mayor que el ya existente. Nuestra misión consiste en reducir el contenido de modo que podamos ver en detalle el objeto».

Si el humor es un modo de expresión artístico, debemos asumir que no está aquí para servirle a nadie. Como profesional de la comedia, comprender esto me ha liberado de una pesadísima carga al tiempo que me ha ayudado a tomar consciencia del vasto campo de acción que se nos abre si nos emancipamos de la hermenéutica. Como dice Sontag, «lo que ahora importa es recuperar nuestros sentidos. Debemos aprender a *ver* más, a *oír* más, a *sentir* más». Debemos, en definitiva, pasar de la teoría a la erótica, orientar nuestra sensibilidad hacia el misterio para que la obra se nos muestre siendo lo que es al margen de lo que signifique y del propósito para el que nos sirva.

9. Nota final

A quienes lamenten no haberse reído con este texto en ningún momento, me permito recordarles que a mí se me encargó que hablara, por una vez, de la comedia en serio. Y a los que tengan la tentación de discutirme el rigor de las afirmaciones aquí vertidas, les respondo de antemano que el que escribe estas líneas no es otra cosa que un payaso bailarín.

Bibliografía

Aristóteles, *Poética*, Madrid, Alianza, 2013.

Critchley, Simon, *Sobre el humor*, Barcelona, Quálea, 2010.

Dolina, Alejandro, *La venganza será terrible*, podcast.

Fernández Flórez, Wenceslao, *Antología del humorismo*, Barcelona, Labor, 1957.

Fox, Jesse David, *Comedy Book: How Comedy Conquered Culture–and the Magic That Makes It Work*, Nueva York, Farrar, Straus & Giroux, 2023.

Freud, Sigmund, *El chiste y su relación con lo inconsciente*, Madrid, Alianza, 2012.

García Gual, Carlos, *La secta del perro. Vidas de los filósofos cínicos*, Madrid, Alianza, 2014.

Gómez Haro, Leonardo, *Del humor en el arte contemporáneo: teoría y práctica*, Castelló de la Plana, Publicacions de la Universitat Jaume I, 2014.

Habermas, Jürgen, *Teoría de la acción comunicativa*, Madrid, Trotta, 2023.

Horenstein, Mariano, *Conversaciones de diván*, Madrid, La Fábrica, 2021.

Kundera, Milan, *El libro de la risa y el olvido*, Barcelona, Tusquets, 2013.

–, «The Art of Fiction No. 81», *The Paris Review*, n.º 92, verano de 1984.

Liddell, Angélica, *El sacrificio como acto poético*, Miranda de Arga (Navarra), Continta Me Tienes, 2014.

Mira, Eugenio, «Cómo ser director de cine y no morir en el intento», *masterclass* para Septima Ars.

Pascal, Blaise, *Pensamientos*, Madrid, Cátedra, 1998.

Sontag, Susan, *Contra la interpretación y otros ensayos*, Barcelona, DeBolsillo, 2007.

Waters, John, «Juvenile Delinquent of 66», entrevista a John Waters en la revista *Burzz*.